书山有路勤为径,优质资源伴你行
注册世纪波学院会员,享精品图书增值服务

卓|越|绩|效|经|典|书|丛

图解六西格玛

日本钻石社六西格玛研究组 著
孙欣欣 译

(典藏版)

6σ

Zukai Kore Nara Wakaru Six Sigma

電子工業出版社
Publishing House of Electronics Industry
北京·BEIJING

ZUKAI KORE NARA WAKARU SIX SIGMA
by DIAMOND SIX SIGMA KENKYU-KAI
Copyright © 1999 DIAMOND SIX SIGMA KENKYU-KAI
Simplified Chinese translation copyright © 2023 by Publishing House of Electronics Industry.
All rights reserved.
Original Japanese language edition published by Diamond, Inc.
Simplified Chinese translation rights arranged with Diamond, Inc.
through THE SAKAI AGENCY.

本书中文简体字版由 Diamond, Inc.通过 THE SAKAI AGENCY 授权电子工业出版社独家出版发行。未经书面许可，不得以任何方式抄袭、复制或节录本书中的任何内容。

版权贸易合同登记号　图字：01-2009-4163

图书在版编目（CIP）数据

图解六西格玛：典藏版 / 日本钻石社六西格玛研究组著；孙欣欣译. —北京：电子工业出版社，2024.1
（卓越绩效经典书丛）
ISBN 978-7-121-47062-2

Ⅰ.①图… Ⅱ.①日…②孙… Ⅲ.①企业管理－质量管理－图解 Ⅳ.①F273.2-64

中国国家版本馆 CIP 数据核字（2024）第 016167 号

责任编辑：杨洪军
印　　刷：中煤（北京）印务有限公司
装　　订：中煤（北京）印务有限公司
出版发行：电子工业出版社
　　　　　北京市海淀区万寿路 173 信箱　邮编 100036
开　　本：720×1000　1/16　印张：11　字数：193.6 千字
版　　次：2024 年 1 月第 1 版
印　　次：2025 年 3 月北京第 6 次印刷
定　　价：58.00 元

凡所购买电子工业出版社图书有缺损问题，请向购买书店调换。若书店售缺，请与本社发行部联系，联系及邮购电话：（010）88254888，88258888。
质量投诉请发邮件至 zlts@phei.com.cn，盗版侵权举报请发邮件至 dbqq@phei.com.cn。
本书咨询联系方式：（010）88254199，sjb@phei.com.cn。

目录

第 1 章 入门篇
献给不了解六西格玛的你 1

- 01 六西格玛到来 2
  六西格玛面向世界

- 02 六西格玛的创立 4
  秘密是"日本式经营"

- 03 经营目标的核心 6
  平均和离散

- 04 用六西格玛来煮鸡蛋 8
  事物皆由过程组成

- 05 换算成钱以后，大家就都明白了 10
  六西格玛的衡量尺度是 COPQ

- 06 给"美味的煮鸡蛋"下定义 12
  VOC 决定美味程度

- 07 做"美味的煮鸡蛋"的要点 14
  决定煮鸡蛋的 CTQ

- 08 "统计"煮鸡蛋的做法 16
  统计方法是常用工具

- 09 做"美味的煮鸡蛋"需要的人 18
  六西格玛的出场人物

10 "美味的煮鸡蛋"是这样做的 20
   六西格玛用 MAIC 来推进

第 1 章注释 22

第 2 章 初级篇
用六西格玛来解决经常迟到的上班族的烦恼 23

01 改革需求是开始的信号 24
   战略意图左右改革

02 避免迟到 26
   解决什么问题

03 时间都花在什么事情上了 28
   从起床到抵达公司的过程

04 如何制定目标？制定什么目标 30
   设定改革目标要有全局观

05 M 阶段的总结 32
   这就是 M 阶段

06 每天这样来公司上班 34
   在过程地图上明确定义目标

07 去公司的方式只有这些吗 36
   去公司上班的方式不止一种

08 每天通勤时间不固定 38
   从数据看差异

09 乘车时间的陷阱 40
   明白迟到的原因

10 决定通勤时间稳定的关键 42
   可控因素都有什么

11 A 阶段的总结 44
   这就是 A 阶段

12 怎样去公司 46
　　研究通勤路线

13 比较可行方案的时间稳定性 48
　　模拟最坏情况

14 再次评估第一次得出的结果 50
　　验证结果

15 I 阶段的总结 52
　　这就是 I 阶段

16 怎样应对突发事件 54
　　条件变化时采取的应对方法

17 C 阶段的总结 56
　　这就是 C 阶段

第 2 章注释 58

第 3 章　中级篇

客户不等人——提高零部件订货单的质量 59

01 客户的心声：不满意 60
　　为了从 CS 调查中得到正确的 VOC

02 有效利用时间和金钱 62
　　导入六西格玛的过程

03 交货期延迟的体制原因 64
　　用流程来说明

04 交货期延迟造成的损失 66
　　COPQ 与交货期延迟相伴

05 问题在于零部件的订购 68
　　过程中隐藏瑕疵

06 量化零部件订货单的问题点 70
　　算出瑕疵率，设定目标

- 07 订货单的问题是怎样产生的 72
  阐明发生错误的主要过程
- 08 头脑风暴和因果图 74
  总结产生瑕疵的原因
- 09 订货单的瑕疵是什么 76
  找出因果图的核心
- 10 具有强大影响力的原因是什么 78
  找出主要原因
- 11 确定不会产生瑕疵的过程 80
  分析 Vital Few
- 12 选择应对方案 82
  解决"手写订货单"的问题
- 13 对于最终的改革目标有效吗 84
  必须确认对策效果
- 14 共享项目成果 86
  优秀的实践经验是大家的财富
- 15 只有持续才有利益 88
  CTQ 是项目孵化器

第 3 章注释 90

第 4 章 高级篇
打造一家盈利多多的店 91

- 01 提高公司业绩 92
  单纯削减 COPQ 并不是好办法
- 02 首先是客户需求 94
  畅所欲言 VOC
- 03 对公司来说，客户需求是什么 96
  将 VOC 置换为 CTQ

04 哪个作为经营方针 98
　　归纳 CTQ

05 这是老板的命令 100
　　一定要赚钱

06 开始进行公司内项目 102
　　六西格玛活动拉开帷幕

07 阶段性总结 1 104
　　确定活动方针

08 赚钱情况如何得知 106
　　设定尺度（衡量标准）

09 现在店铺情况如何 108
　　收集数据，了解分布情况

10 同一尺度具有可比性 110
　　和摩斯汉堡比较盈利能力

11 决定目标定在何处 112
　　设定收益性的目标值

12 再一次确认目标 114
　　回顾实施阶段

13 阶段性总结 2 116
　　明确着眼点

14 想赚钱的必要条件 118
　　列举因素 x

15 什么是能做的？什么是不能做的 120
　　选定因素 x

16 尽量减少因素 122
　　什么是实验设计法

17 开始 DOE＜Ⅰ＞ 124
　　计划实验

- 18 开始 DOE＜Ⅱ＞ 126
  着手实验
- 19 开始 DOE＜Ⅲ＞ 128
  进行二次实验
- 20 回到现实中重新审视 130
  由统计到现实的转换
- 21 阶段性总结 3 132
  选择需要管理的因素 x
- 22 如何预测提高收益性的效果 134
  以小龟快餐为标杆进行标杆管理
- 23 寻找 Vital Few 的最佳条件 136
  尝试最佳化
- 24 得到加盟商的理解 138
  在现有店铺中横向推广
- 25 监控店铺的收益性 140
  绘制控制图
- 26 赚钱店铺的标准是什么 142
  制作店铺推广手册
- 27 活动结束后半年 144
  最后的认可路程
- 28 总结 146
  确认六西格玛活动成果

第 4 章注释 148

第 5 章 六西格玛咨询室 149

- 01 到底什么是"六西格玛" 150
- 02 "0"和"3.4/1 000 000"有什么区别 151

- 03 不懂统计怎么办 152
- 04 什么是统计性检验 153
- 05 Z 值是什么数值 154
- 06 Z 值长期和短期数值有 1.5 的差异吗 155
- 07 什么是管理界限和规格界限 156
- 08 黑带到底要做什么 157
- 09 六西格玛和日常业务能并立起来吗 158
- 10 不懂英语可以吗 159
- 11 六西格玛使用的工具是什么 160
- 12 六西格玛和 TQC 有哪些不同 161
- 13 导入六西格玛的历程是什么 162
- 14 怎么换算成钱 163
- 15 什么是积极的六西格玛活动 164

结语 165

第 1 章 入门篇

献给不了解六西格玛的你

这些没被接触过的语言、数字让人困惑,我们会为大家介绍得简单明了。

01 六西格玛到来

六西格玛面向世界

大家都知道 GE 吧？它的全名是通用电气（General Electrics），其创始人是发明大王爱迪生。

GE 拥有大约 30 万名员工，销售额达 1 000 亿美元以上，利润将近 100 亿美元，是世界知名企业。在近期低迷不振的大企业中，GE 仍能维持收入效益双增长，为全世界经营者所瞩目。

另外，无须介绍，索尼是日本引以为荣的全球大企业。类似的还有摩托罗拉、联合信号（现为霍尼韦尔。——译者注）、ABB、东芝等，这些大型企业采用的经营革新方法就是六西格玛。

如图 1-1 所示，六西格玛将企业经营中产生的失误、瑕疵、缺陷产品的产生率降低至"3.4/1 000 000"这样一个极低的水平作为目标，持续推进经营改革活动。

事实上，正像后面要介绍的一样，六西格玛并不是特别新颖的方法。不过，开篇我们也讲到，近些年 GE 不断追求"精英企业[1]"称号，从 1995 年采用该方法；索尼是在 1997 年导入的，这才逐渐引起日本国内的关注。

经营改革方法并非只有一个。六西格玛是提高经营自身质量的一种方法。然而，不管采用什么方法，都会同时产生成功企业和失败企业。

为了取得成果，重要的是将这些方法"学以致用"。六西格玛是一种能实现"本地化"应用的经营革新方法。

第1章 入门篇

图1-1 六西格玛的目标

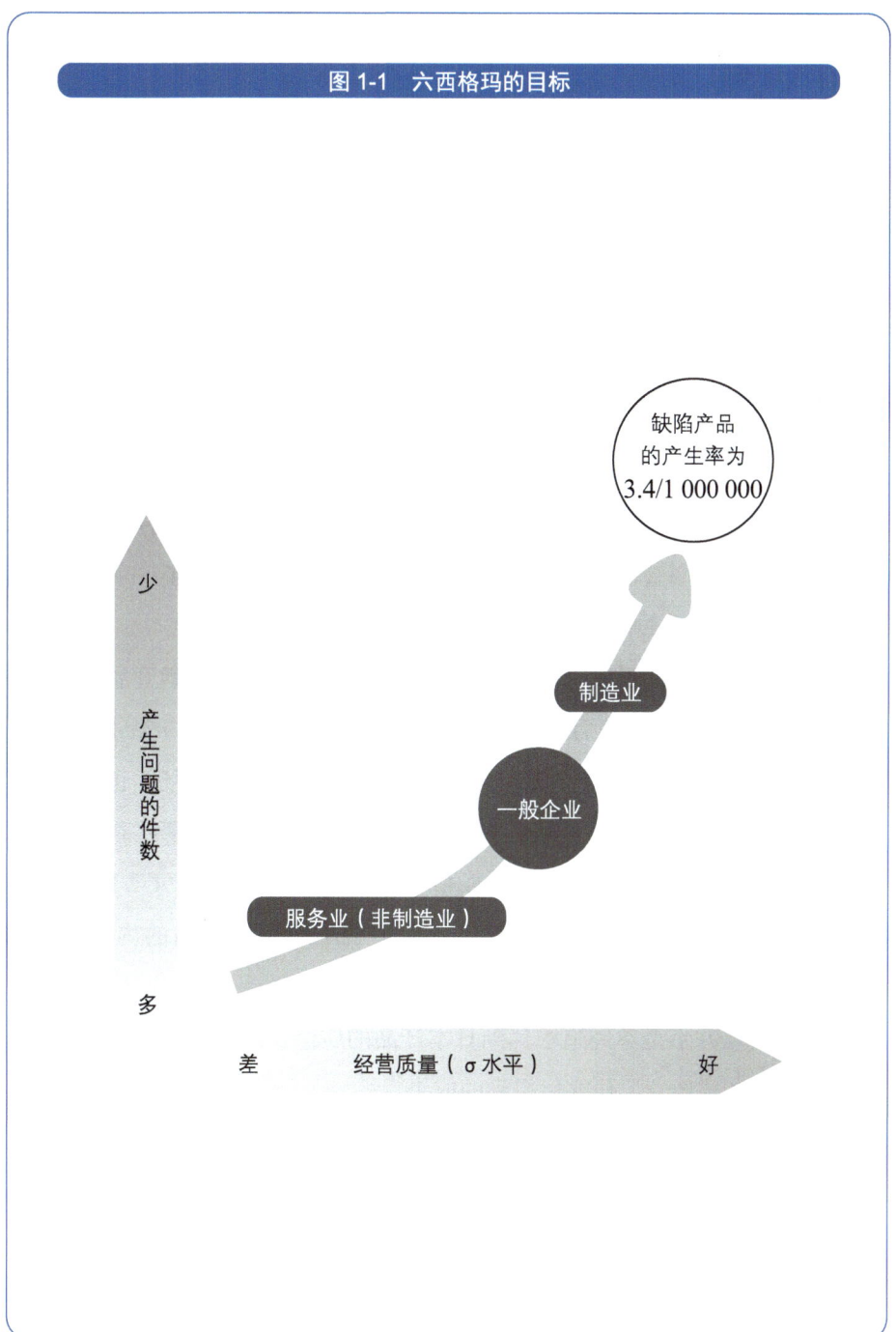

02 六西格玛的创立

秘密是"日本式经营"

在日本，六西格玛由于被 GE 和索尼采用而变得知名，实际上将其确立为经营方法的却是美国大型通信设备制造商摩托罗拉。诞生的契机源于大约 20 世纪 80 年代的一件事。

当时，摩托罗拉认识到"自身产品质量低劣"，从 1970 年末开展了全公司范围内的质量改善运动。此外，在 20 世纪 80 年代进入日本寻呼机市场后，摩托罗拉将日本制造的产品和本公司产品进行了比较，发现了一个令人震惊的事实，那就是，日本产品的质量要远远高于自己的产品。

在日本，特别是制造业，从 20 世纪 60 年代开始就积极地开展了质量改善活动。第二次世界大战后很长一段时间，"劣质低价"是日本产品的代名词。进入 20 世纪 80 年代中期，日本产品之所以能够席卷世界市场，正是其产品质量得到了极大提高。为了缩小差距，超越日本产品，摩托罗拉对"日本式经营"进行了透彻研究。这就是六西格玛的诞生背景（见图 1-2）。现在，分析一下各个公司开展的六西格玛特征，就不难理解下面的内容和六西格玛理念。

六西格玛并不是单纯追求达到日本产品的质量，而是对能够产生这种高质量的"日本式经营"研究后得到的成果。

人们经常说欧美企业和日本企业经营方式不同，因此，欧美照搬日本方式并不容易。所以，应该活用欧美优秀部分，将日本方式融入"欧美流"中。

六西格玛是一种"生于日本，长在美国"的经营革新方法。

图 1-2　六西格玛的典范是日本式经营

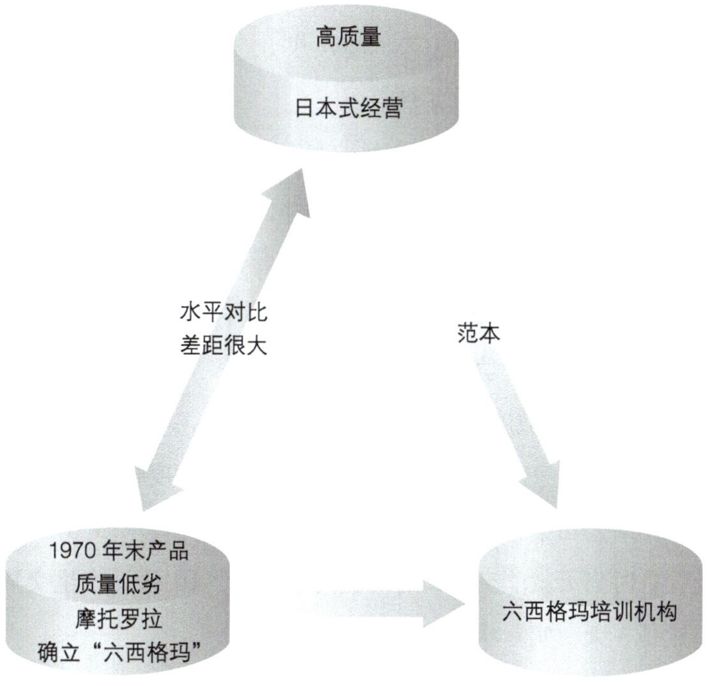

高质量
日本式经营

水平对比
差距很大

范本

1970年末产品
质量低劣
摩托罗拉
确立"六西格玛"

六西格玛培训机构

03 经营目标的核心

平均和离散

现在考虑一下六西格玛最重要的部分，它和"六西格玛"这个名字也有关系。

西格玛（σ）在统计学中表示"偏差[2]"。一下子听到陌生的"统计""偏差"这类词，可能会觉得有点茫然。

不过，大家应该都能理解"平均[3]"的意义。举个例子，如图 1-3 所示，假设一次测验的平均分是 75 分。可是实际上在这个班级里，既有得满分 100 分的人，又有只得 30 分的人。

同学们的分数（数据），以平均分 75 分为中心散布开来。这种"散布"情况，即离散度，在统计学上称为"标准差"。表示离散程度的符号是 σ。σ 左侧的数字越大，"离散度越小"。

那么接下来在大家的工作中，也来思考一下离散度吧。

比如，在某公司中，规定给客户交货应在"收到订单后 3 天内"完成。而事实上，有时当天就能交货，有时会过了一周、10 天，发生交货延迟。即使平均仍然是 3 天，实际状态"偏差非常大"。

站在客户的立场上，交货期同样定为"3 天"，A 公司"有时两天，有时超过一星期"，B 公司一直都是 3 天。哪个公司的服务水平更高呢？

六西格玛给过去只重视平均数的经营、事业目标，带来了离散度的概念，目的是实现更高的经营质量。

图 1-3 平均和离散

三年级一班成绩分布图

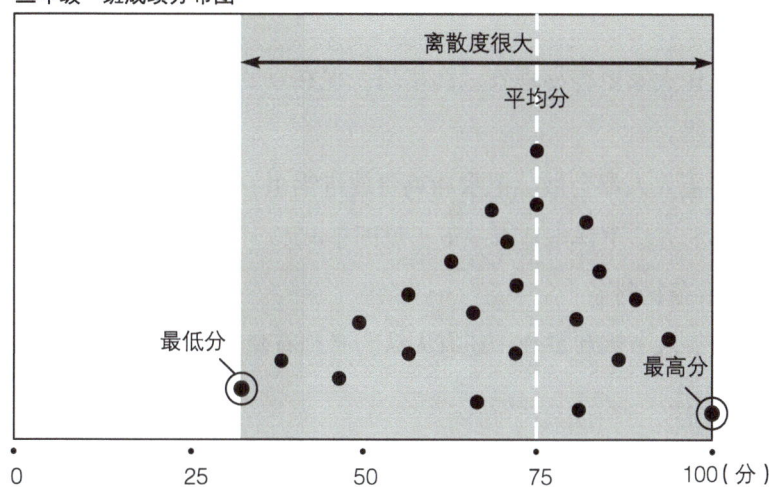

三年级二班成绩分布图

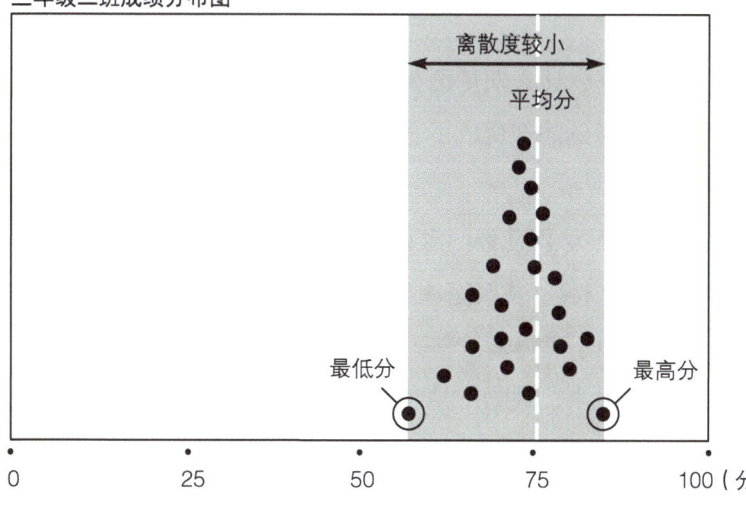

04 用六西格玛来煮鸡蛋

事物皆由过程组成

为了让大家更容易理解六西格玛,现在以"煮鸡蛋的做法"为例,进一步进行说明。

煮鸡蛋人人都会做。把水和鸡蛋放进锅里一起煮就可以了。这里我们用六西格玛的方法更详细地看一下(见图1-4)。

① 准备材料

鸡蛋、水、锅和炉灶。还有人认为必须有盐。材料不齐全时要出去买。

② 制作

锅里放入水后开火。有些人从凉水开始煮鸡蛋,有些人等水开后才放入鸡蛋。煮多长时间也因人而异。

③ 完成

按照各自喜好,让人期待已久的鸡蛋已经煮好了。有没有这种情况发生呢?本来想煮成半熟的却变成了全熟,或者反之只煮成了半熟。我们从两个方面来确认一下。

首先是"过程"。即使像"煮鸡蛋"这样一句话就可以概括的简单事情,也包含着"准备材料""往锅里放水""放入鸡蛋""煮"等各种因素和作业。这个道理并不仅限于煮鸡蛋,它适用于所有事情。

事业、业务成果、缺陷产品和失误等,不管什么事情,都必然由导致这种现象产生的多种过程构成。

其次,请牢记公式 $Y=f(x)$。六西格玛用 Y 来表示作为结果的现象,用 x 来表示对 Y 产生影响的因素和原因。关键之处在于两者被表示过程的 f 联系起来。

图 1-4　"六西格玛式煮鸡蛋"的做法

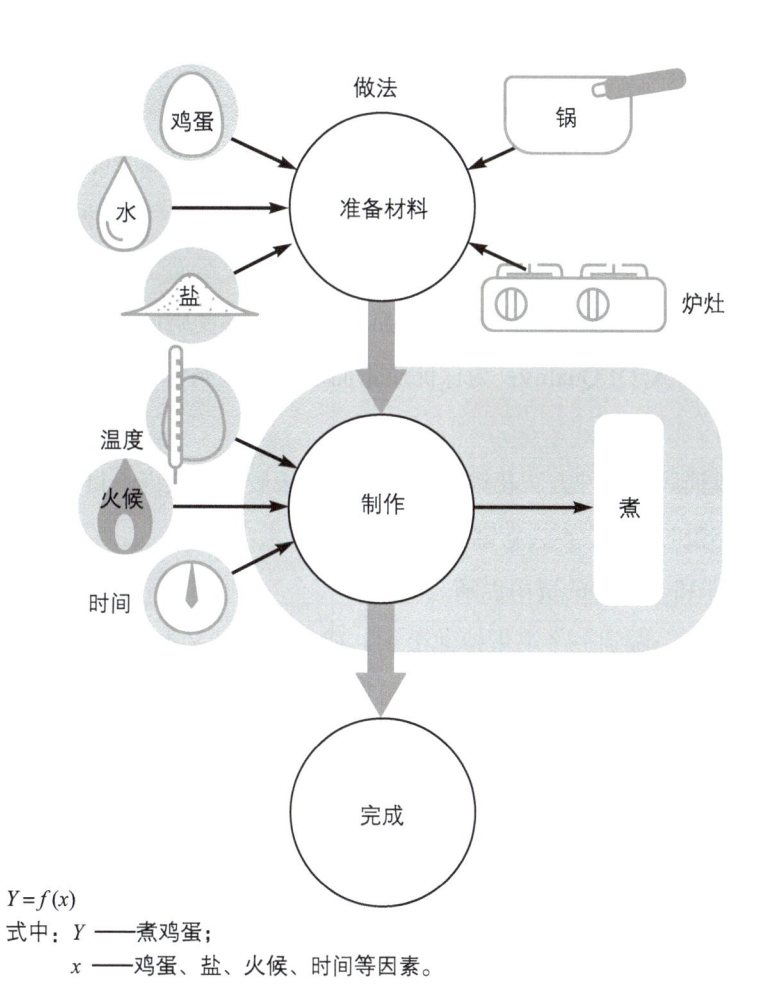

$Y = f(x)$
式中：Y ——煮鸡蛋；
　　　x ——鸡蛋、盐、火候、时间等因素。

05 换算成钱以后，大家就都明白了

六西格玛的衡量尺度是 COPQ

"做美味的煮鸡蛋！"——这是现在选取的课题。"美味的煮鸡蛋"是 Y。所以，接下来就不得不考虑原因 x 和过程 f 了。且慢，稍等片刻……

如果可以无限制地花费时间和金钱，也许能做出"极品美味煮鸡蛋"。可事实上没人会这么做。何况"极品"也好，"美味"也罢，都是见仁见智。

于是，一套可供大家做出客观评价的通用方法应运而生。如图 1-5 所示，六西格玛使用"COPQ"（Cost Of Poor Quality：由于不良质量造成的成本损失）和"COQ"（Cost Of Quality：为保证质量而发生的成本）。也就是说，要换算成钱来计算。

换算成钱后，哪种方法花销最大，哪种方法最省钱变得一目了然。

做煮鸡蛋时，"买/不买新锅""用自来水/矿泉水"等，选择不同的 x，那么 COQ，即和 Y 相关的费用也随之变化。

而且，万一做到一半鸡蛋掉地上了，或者没做好又重做了一个呢？这样原本只用一个鸡蛋就可以，却不得不再用一个。多出的这个鸡蛋的价格和额外发生的作业换算成钱后，就相当于 COPQ。

作为经营革新方法，六西格玛将"经营核心"作为对象。资源（金钱、时间、人力等）是经营必需品，当然不是无穷无尽的。所以，要想让所有人都清楚地知道"该从哪儿着手"，选择金钱作为衡量尺度效果显著。

图 1-5　一样煮鸡蛋，花销大不同

06 给"美味的煮鸡蛋"下定义

VOC 决定美味程度

如果问大家,什么是"美味的煮鸡蛋"?我相信,不同的人或者出于不同目的的人,对于"美味"的理解都不一样。这不足为奇。

有人觉得"不管怎么说还是半熟的最好吃",也有人因为要做沙拉,必须用凝固的蛋黄。各人喜好、目的不同,"美味的煮鸡蛋"的定义也在发生变化。

如图 1-6 所示,现在,我们选取的场景是为一家四口(爸爸、妈妈、两个男孩)早饭时做"美味的煮鸡蛋"。

爸爸喜欢大排档卖的砂锅煲那样很入味的煮鸡蛋。妈妈更愿意用勺子舀着稍稍半熟的鸡蛋吃。孩子们呢?他们喜欢"蛋白正中嵌着蛋黄"的鸡蛋,而且蛋黄要是漂亮的嫩黄色。爸爸妈妈都希望给孩子们吃有营养的对身体有益的东西,但两人是双职工,时间和金钱上不可能没有限度。

这些期望被称作 VOC(Voice of Customer:客户需求)。收集 VOC 是六西格玛活动的第一步。

看到刚才一家人的 VOC 后,是不是有人会发出这样的疑问:"怎么没有我喜欢的那种煮鸡蛋呢?"如果接下来要做的煮鸡蛋是专门为这个人做的,那么 VOC 没有被正确收集。

因为并不是要收集全部顾客的需求,而是只针对即将成为服务对象的客户,听取他们的心声。

第 1 章 入门篇

图 1-6 "煮鸡蛋的喜好"就是"VOC"!

家人各自的 VOC

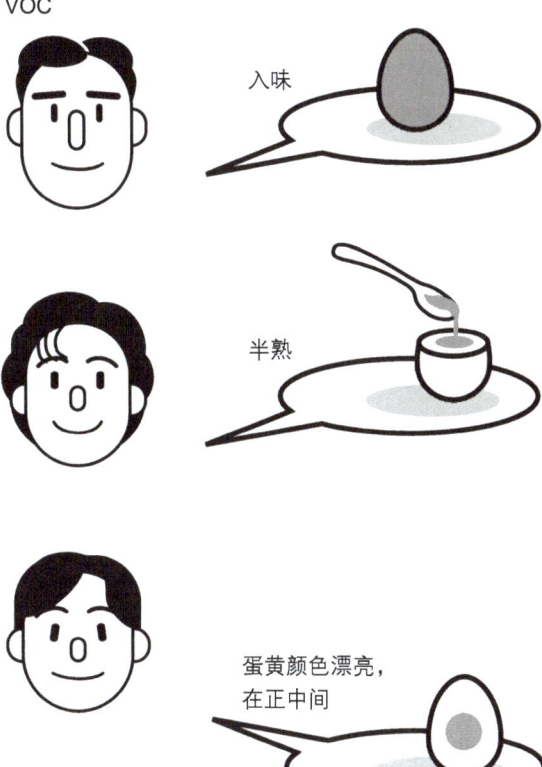

入味

半熟

蛋黄颜色漂亮，在正中间

13

07 做"美味的煮鸡蛋"的要点

决定煮鸡蛋的 CTQ

在之前收集了一家四口的 VOC，可是它们存在着很大差异。

现在必须明确"美味的煮鸡蛋"的定义，尽可能让全家人都满意。这个要"明确"的特定重要因素，在六西格玛中被称作 CTQ（Critical To Quality：对经营质量起决定性影响的因素）。

例如，煮鸡蛋这件事，不论是爸爸妈妈还是孩子们，都有一个"非它不可"的因素，这个因素就是 CTQ。

暂时抛开煮鸡蛋这个话题，在实际业务中到底该如何分析 CTQ 呢？

"只要公司能赚钱……""只要能实现自己的目标……"我们都有过这类想法。但是，很遗憾，如果只考虑这些事情，经营成果往往不能实现，这是因为决不能无视 VOC 的存在。所以，六西格玛在 VOC 的基础上考虑 CTQ。

但 CTQ 也并不是将 VOC 简单归集起来。如图 1-7 所示，四口之家的 VOC 既有共通之处，也有相悖的地方。即便如此，为了保证质量满足客户需求，必须明确 CTQ。

还是以煮鸡蛋为例，CTQ 是鸡蛋的做法。如果做成半熟，煮的时间要短。如果想让蛋黄在正中间，煮时就要不断转动鸡蛋。

客户的要求和企业活动的优先顺序怎样做到和谐共存呢？

为明确 CTQ，必须先透彻地讨论。

让我们关注特定过程，进行更具体的研究吧！

图 1-7 顾此失彼！

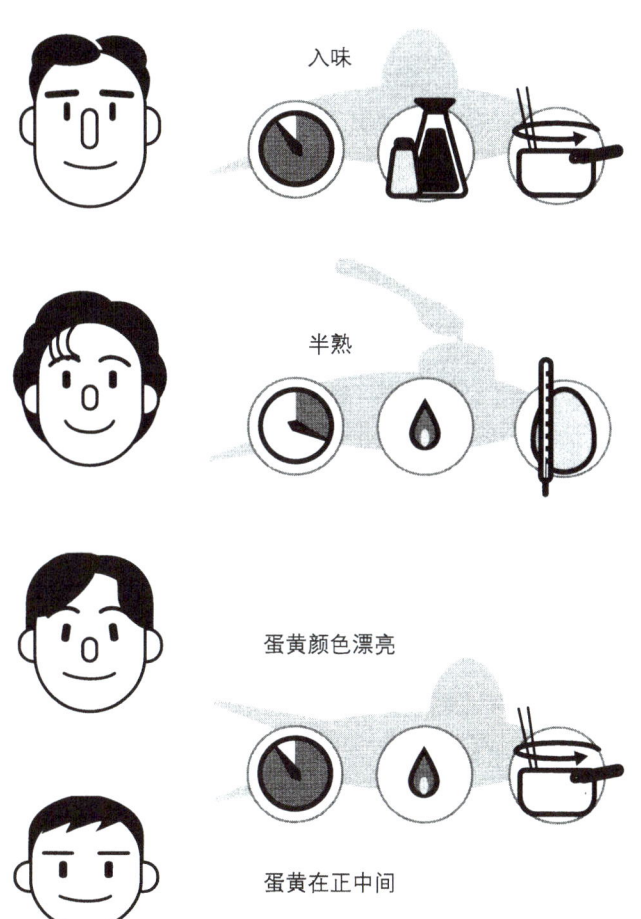

08 "统计"煮鸡蛋的做法

统计方法是常用工具

虽说是给一家四口人做煮鸡蛋,但是也不可能100%满足所有人的要求。

不过,为了尽量让全家人满意,必须制定一个做"美味的煮鸡蛋"的过程(见图1-8)。

如果是商业活动,那么相对会更加复杂,这一点大家不难想象。于是,为取得成果 Y,需要分析构成"美味煮鸡蛋"或者商业活动的因素 x 的关联性。

在商业活动中,存在无数个 x 因素。前面已经介绍过,x 是构成过程的因素。在有效把握因素的关联性及倾向后,为管理新过程,六西格玛会使用统计方法。

统计再次出场,也许有人会暗暗担心,不过没关系,把统计当成一种工具就可以了。平时大家都会很自然地用到微波炉等电器。我们并不了解其内部构造,但是一点儿也没有感觉到不方便。只要记住开关在哪里,知道使用方法,就完全不用担心了。

虽然六西格玛不能完全回避学习统计,但最终目的是"使用",而不是专门"研究"统计学。比起罗列算式,我们更愿意用可视化的图表(画图)来实现资源共享。

对没听过的词汇,一开始可能会感到困惑。但是,只要能正确理解它的含义,就无须对词语本身进行说明了。六西格玛的基本精髓正是"浅显易懂"。

图 1-8 调查煮鸡蛋的时间

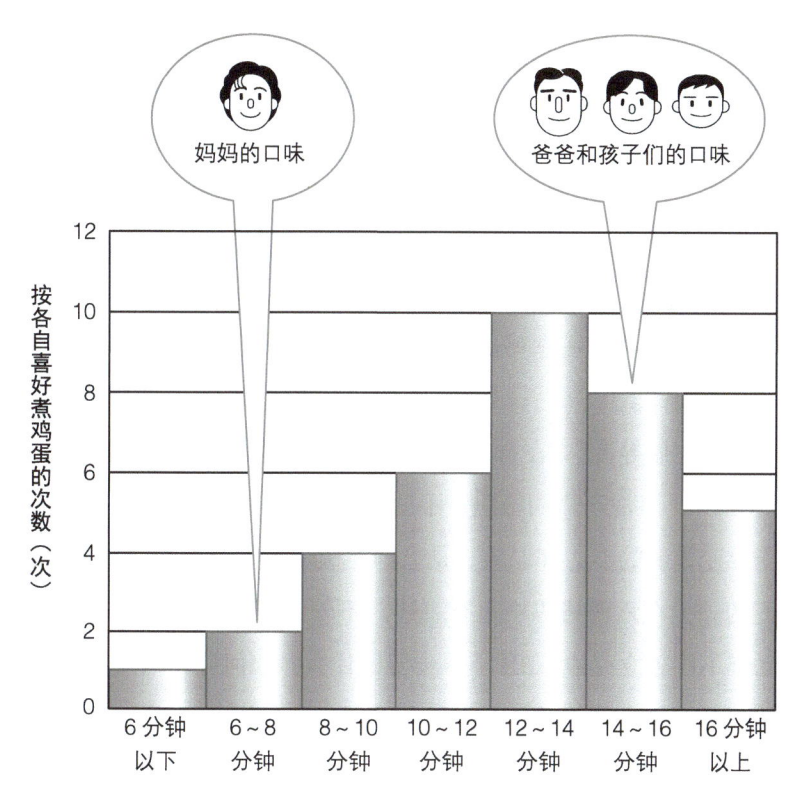

09 做"美味的煮鸡蛋"需要的人

六西格玛的出场人物

现在到了正式开始做"美味煮鸡蛋"的时候了。为了做出理想中的鸡蛋，需要全家人齐心协力。

如图1-9所示，家里地位最高的妈妈是负责人。实际操作由善于烹饪的爸爸担当。妈妈还有些不放心，请来了在烹饪学校当过讲师的奶奶指导爸爸。孩子们给爸爸帮忙，也一起参加。

导入六西格玛就和现在煮鸡蛋一样，为了取得理想成果，需要一些受过专门教育的人来担任。

妈妈相当于"倡导者"，在自身事业之外还负责个别六西格玛项目。爸爸是"黑带"（BB），专注于六西格玛，不处理项目之外的业务，是"变革者"。奶奶具备指导变革者的能力和经验，是老师（黑带大师MBB）。

孩子们的分工在六西格玛中也有表述。不管一个人的专业性有多强，经营改革活动都不能独立完成。BB下一步要做什么？如何让其他人参与到改革中来？能够正确理解这些并提供支持的人就是"绿带"（GB）。

通过六西格玛进行经营改革，并不是要大家一起努力，而是明确具体职责（使命），在接受培训的基础上，用一种简单明了的尺度或工具来推进。

图 1-9 六西格玛的分工

兼职
倡导者：事业和项目负责人
绿带（GB）：处理日常业务，同时加以推进

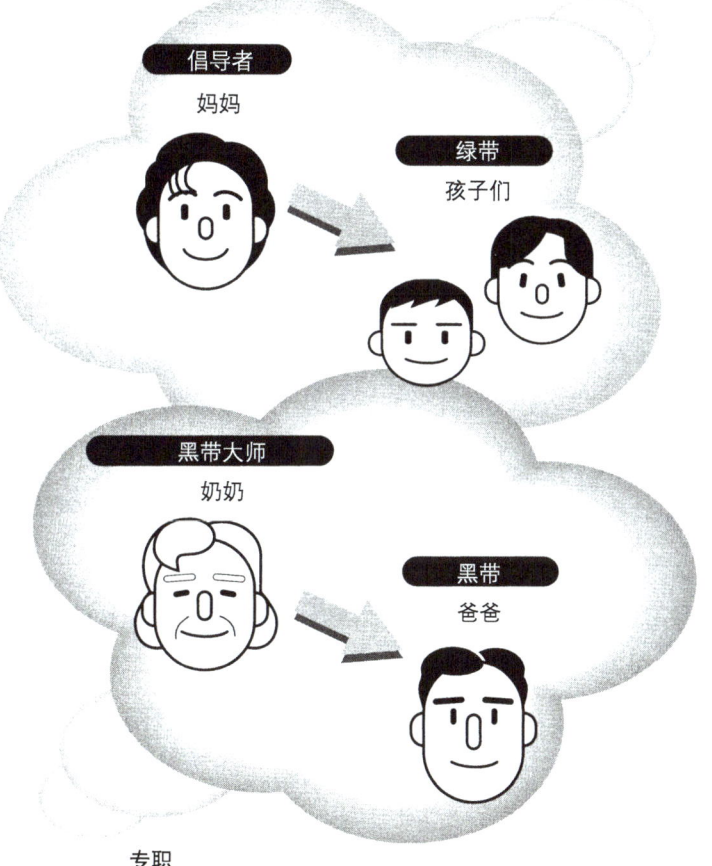

专职
黑带大师（MBB）：黑带的技术指导者
黑带（BB）：项目组领导、变革者

10 "美味的煮鸡蛋"是这样做的

六西格玛用 MAIC 来推进

我们以做"美味的煮鸡蛋"为例进行了说明，实际上关于推进方法有一套标准的程序。

六西格玛有四个阶段，被称为"MAIC"。有 QC[4] 活动知识和经验的朋友会发现它和 PDCA[5] 有异曲同工之妙。这也是因为六西格玛源自日本。

如图 1-10 所示，黑带培训为期四个月，每个阶段用一个月时间，包括一周封闭课程和三周的实战演练。

M 阶段（Measure：测量）主要目的是准确把握选取课题的现状，即明确"现在是什么状态"。不少情况是想评价却苦于没有数据，需要花费大量时间收集数据。

A 阶段（Analyze：分析）以收集到的数据为基础，界定问题"有什么特征"，设定改善要达到的目标。

I 阶段（Improve：改善）从分析结果中，导出"管理什么？怎样管理（最佳化）"，并用相关因素及数据进行验证。

C 阶段（Control：控制）确保改革成果得以持续，研究可否作为他用或应对突发事件。

不管是煮鸡蛋还是经营改革，都不是一成不变的。CTQ 经常会发生变化。例如，商业环境、竞争状况的改变，组织变更和人事调动，都可能成为改变 CTQ 的原因。因此，六西格玛旨在持续进行，企业也会将 MAIC 循环下去。

图 1-10 MAIC 循环方法

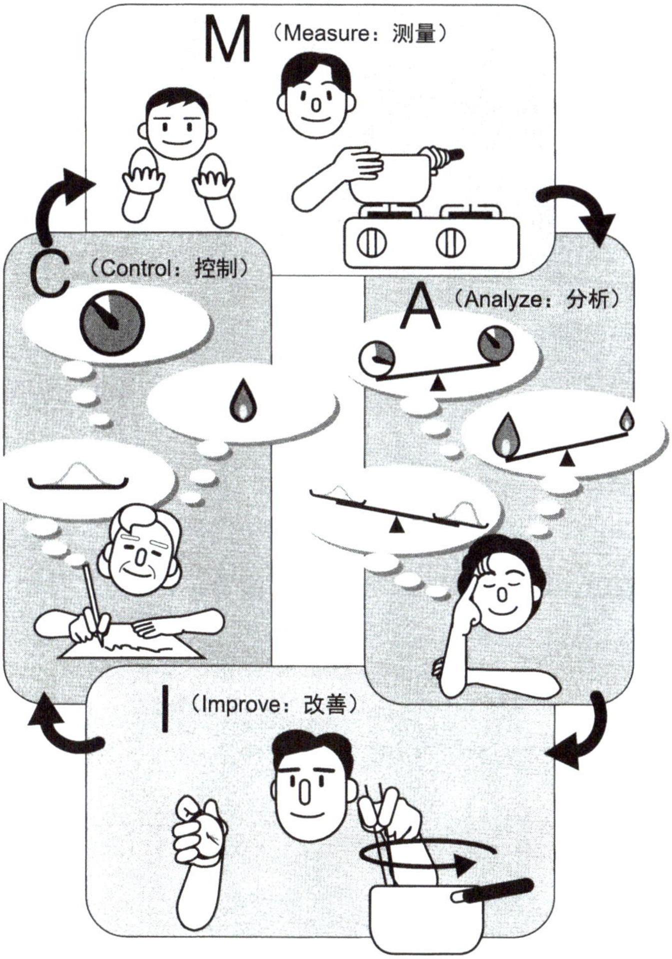

第1章注释

[1] 精英企业

拥有骄人业绩、成为经营典范的企业的总称。

[2] 偏差

表示相对于平均值的离散程度，用离散度或标准差（σ）表示。

[3] 平均

以测验为例，用全员分数总和除以总人数得到的值，是总和被总数除的结果。

[4] QC（Quality Control）

质量管理。以"全员做到更好"为座右铭，在制造业中围绕现场展开的改善活动。

[5] PDCA

按照作业的计划（Plan）、执行（Do）、检查（Check）、行动（Action）进行持续改善的循环。

第 2 章
初级篇

用六西格玛来解决经常迟到的上班族的烦恼

将六西格玛用于解决身边的问题,会取得什么效果呢?一起想一想吧。

01 改革需求是开始的信号

战略意图左右改革

今天早上，你是心情愉快地睁开睡眼的吗？是不是闹钟响过后还赖在床上，心里想着"再睡10分钟、5分钟……"？

接下来要说到的松井先生就是这样一个人。他向30位同事打听大家有没有睡眠不足的情况，居然有80%的人回答"有"。同时得知引发睡眠不足的原因多种多样，如熬夜、醉酒、疲劳等。

宽于律己的人往往会上班迟到。顺便说件不光彩的事，我们的松井可是个迟到大王。对他来说，避免迟到是件了不起的大事。在下一期公司内六西格玛培训开始之前，他想运用六西格玛方法试着解决这个问题（见图2-1）。

这种动机本身对六西格玛而言十分重要。在六西格玛概念中，重视"发自内心"的改革。

这不仅限于六西格玛，而是为实现变革达成的共识。为"改变现状"积聚的动力和信念将发挥巨大的作用。可以说解决课题时，执着程度决定着成败。

经营用语中，把这种动机称为"战略意图"（Strategic Intent）。

本例中，"避免迟到"这个动机就是六西格玛方法的原动力，受到格外重视，这就是VOC。不用把它想得太复杂。

那么，现在就开始吧！

第 2 章　初级篇

图 2-1　一定要避免迟到

睡眠不足是上班族共同的抱怨

80%

到点啦

我要避免迟到

- 现在一周迟到 1~2 次；
- 经常迟到会失去上司、下属和外部客户的信任；
- 长此以往，得不到加薪。

25

02 避免迟到

解决什么问题

松井是个普通的上班族。所在的公司要求按时出勤。如果由着性子睡懒觉肯定会被炒鱿鱼。

对于公司他并没有什么强烈的不满，但是，说起工资少、论资排辈、决策迟缓等这些经营上的欠缺之处，他也是滔滔不绝的。

松井选取"避免迟到"作为六西格玛的课题，就确定了讨论框架，要在此基础上研究改革方案。

开始时，把相关的人集合起来，大家自由思考，集中提出方案，在没有条件限制的状态下畅所欲言。

然后，有的方案由于受到资金、状况的限制，逐渐被否定，从而缩小了范围。这种讨论方法被称作"头脑风暴"。虽然由来已久，却是六西格玛中经常使用的一种方法。

让我们试着讨论一下各种制约条件。比如，松井并不是公司的董事，所以上班不能弹性出勤，也无法使用公司的车。这个候选方案不成立。

如图 2-2 所示，松井可选的候补方案有如下几种："搬到公司附近住""将起床时间提前""改变通勤路线""跳槽到出勤时间自由的公司"等。然而松井还有房屋贷款要还，手头的存款也不多，何况跳槽也不是那么轻而易举的事。

避免迟到似乎不太容易。

图 2-2　避免迟到的候补方案

家

将起床时间提前

改变通勤路线

搬到公司附近住

公司

03 时间都花在什么事情上了

从起床到抵达公司的过程

改革课题已经定为"避免迟到"。那么松井从起床到抵达公司的这段时间内都做了什么呢？听我细细说来。

如图 2-3 所示，松井的一天从早起洗脸开始。对他来说，这只是瞬间完成的事情。然后一边看报纸一边吃早饭，虽然他的老婆很讨厌这点，但是他已经养成了习惯。

孩子们一起床马上热闹起来。这时要把家庭交流放在第一位，即使想发脾气也要控制住。

吃完饭刷牙，再洗一把脸。在洗手间看完报纸后，换衣服准备出门。

坐公交车到最近的电车站去。以前只用 5 分钟就可以了，现在却要花 10 分钟以上。这是因为人口增加、道路整修，增加了交通灯。

准备乘电车。近来，松井为了保证乘车时能补充一会儿睡眠，会坐下一辆车以便有座位。因为中途还要倒一次车，所以他选择乘坐离换乘车站最近的车，多少节省一点时间。到达公司附近的车站后，再走一会儿就到了。

这就是松井从起床到抵达公司的整个过程。

六西格玛的重要思考方式就是捕捉"过程"。即使像"早晨起床到公司"这样一句话就能概括的事情，一项一项分解开来看，也能发现许多以前注意不到的时间浪费。

不了解现状就无法抓住改革要点。六西格玛将详细了解现状作为出发点。

图 2-3 松井的出勤过程

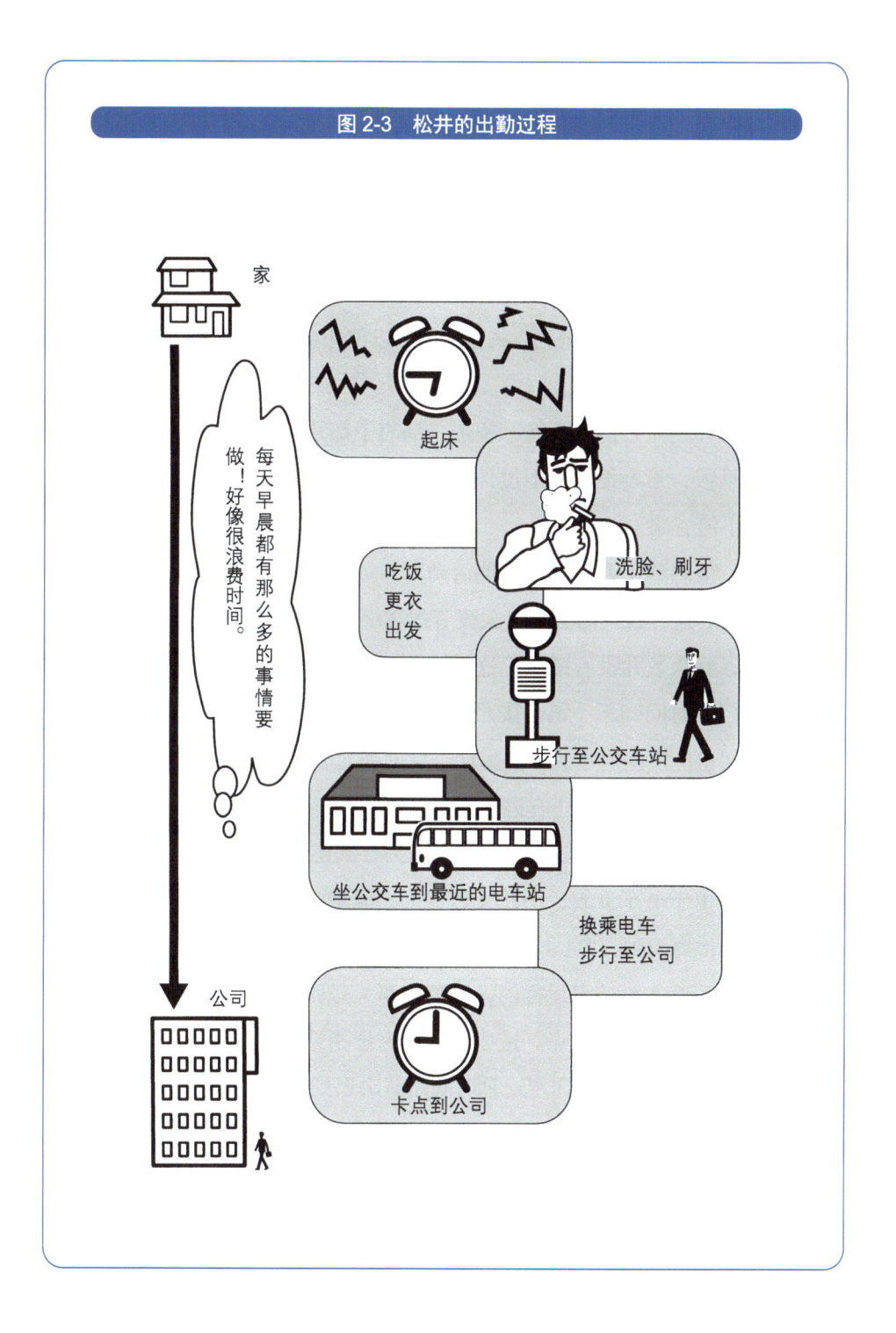

家

每天早晨都有那么多的事情要做！好像很浪费时间。

起床

吃饭
更衣
出发

洗脸、刷牙

步行至公交车站

坐公交车到最近的电车站

换乘电车
步行至公司

卡点到公司

公司

04 如何制定目标？制定什么目标

设定改革目标要有全局观

松井"从起床到抵达公司"的过程，和以前相比已经发生了很大变化（见图2-4）。

就在不久之前，搭配西装、领带，刮胡子都是起床后才做的。而且，有时还不吃早饭，不看报纸。不过，为了在公司时有精神，和大家聊天时有话题，这些不能省略。

所以，他想到了看报纸和其他活动同步进行。一边吃早饭一边看或者在洗手间时看。通过这样的努力，大概节约20分钟。

可是迟到次数并没有减少。这是为什么呢？因为起床时间虽然固定下来了，出家门的时间却不一定。按照通常的想法，如果起床时间是固定的，那么出门时间也应该是固定的。实际计时后发现，居然有15分钟的差异。

出家门时间固定后，还有迟到现象。

既不睡懒觉了，出门时间也固定了，为什么还会迟到呢？

一天，由于电车事故，松井又迟到了。但是没有想象中迟到的时间那么久。这时，他意识到："莫非问题不在出门时间，而是通勤时间的偏差造成了迟到？"电车基本是按点运行的，而公交车，夸张地说，下雨或者路上因为什么事情堵车都会造成晚点。造成失误（这里指迟到）的原因不是平均值而是差异。从这点来考虑，固定通勤时间是解决迟到的重要之处。

图 2-4 迟到的原因是什么呢?

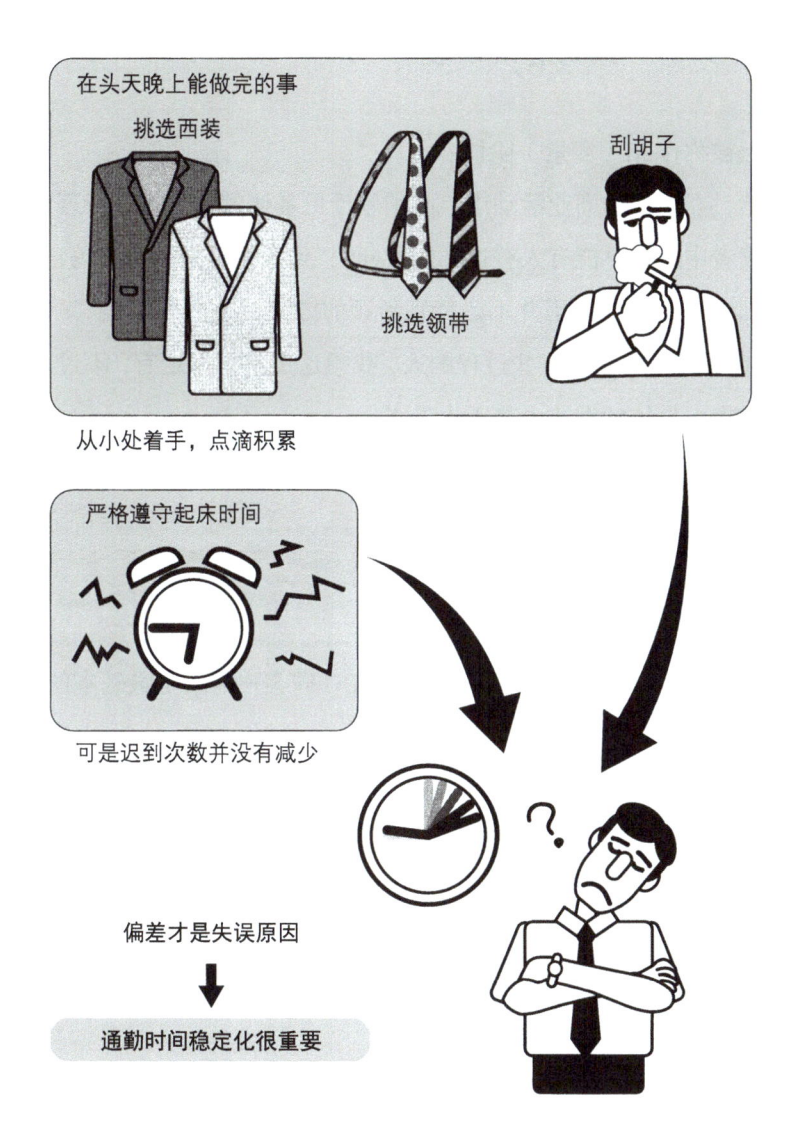

在头天晚上能做完的事
挑选西装
挑选领带
刮胡子

从小处着手,点滴积累

严格遵守起床时间

可是迟到次数并没有减少

偏差才是失误原因

→ 通勤时间稳定化很重要

05 ▸ M 阶段的总结

这就是 M 阶段

以上被称作 M（测量）阶段。

当然，在实际的商业活动中，必须基于更具体的数据来进行理论推导。

在读者中间，可能有人有这样的疑问："到底哪里是六西格玛？"

局部看来，六西格玛并不是特别新颖的方法，重要的只是"一系列的过程"。能在短时间内掌握这些过程的人，我想这个世上肯定有，不过是极少数。即使能掌握，具体的做法也是千人千样。

把握、整理这些过程就是六西格玛的特征。通过 MAIC 阶段后逐步实现最佳化。所需工具只要从中学习就可以了。

现在整理一下前面的内容（见图 2-5）。

① 确认需求

改革活动中，战略意图很有必要。VOC 即客户需求是最基本的。

② 确认研究框架

改革手段并不会信手拈来，必须确认制约条件和规则。

③ 认识现状

要正确了解改革对象的现状。不能盲目获取，而是通过分解过程具体、客观地把握。

在下一阶段，我们要探求为了取得最佳效果，要解决哪里的问题。千里之行，始于足下，这样才能取得成功。

图 2-5 找出真正原因的方法

① 确认需求：VOC 是基础

② 确认研究框架：改革手段并不会信手拈来

③ 认识现状：分解过程，具体、客观把握

设定改革目标

06 每天这样来公司上班

在过程地图上明确定义目标

松井将"通勤时间缩短和稳定"作为六西格玛方法的实践对象，因为这是一直以来被他忽视的一点，也因为通勤时间占到"早起上班"整个过程的60%。

正确定义通勤时间是要点。首先，把通勤时间细化分解，如图2-6所示。

① 步行到公交车站

步行到公交车站平均5分钟，基本没有差异。

② 乘坐公交车到最近的车站A

公交车大约10分钟到达车站A，拥堵时会花费30分钟左右。交通事故和道路施工是发生拥堵最大的原因。

③ 在车站A乘坐电车

"有座位"或"早点儿到"是选择电车的原则。松井为了有座位会等下一辆车，多花5分钟时间，这可以看作必要时间。

④ 步行到公司

在最近的车站下车后，走到公司，大约用5分钟。

如上所述，松井先生的通勤时间由4部分构成。各部分时间表示出来后，由于堵车、事故等特殊事件，即过程差异，可能发生很大变化。

六西格玛重视过程，但并不是单纯地罗列过程，而是通过对过程的细化分解，明确构成过程的各个阶段的详情。

图 2-6 通勤过程映射

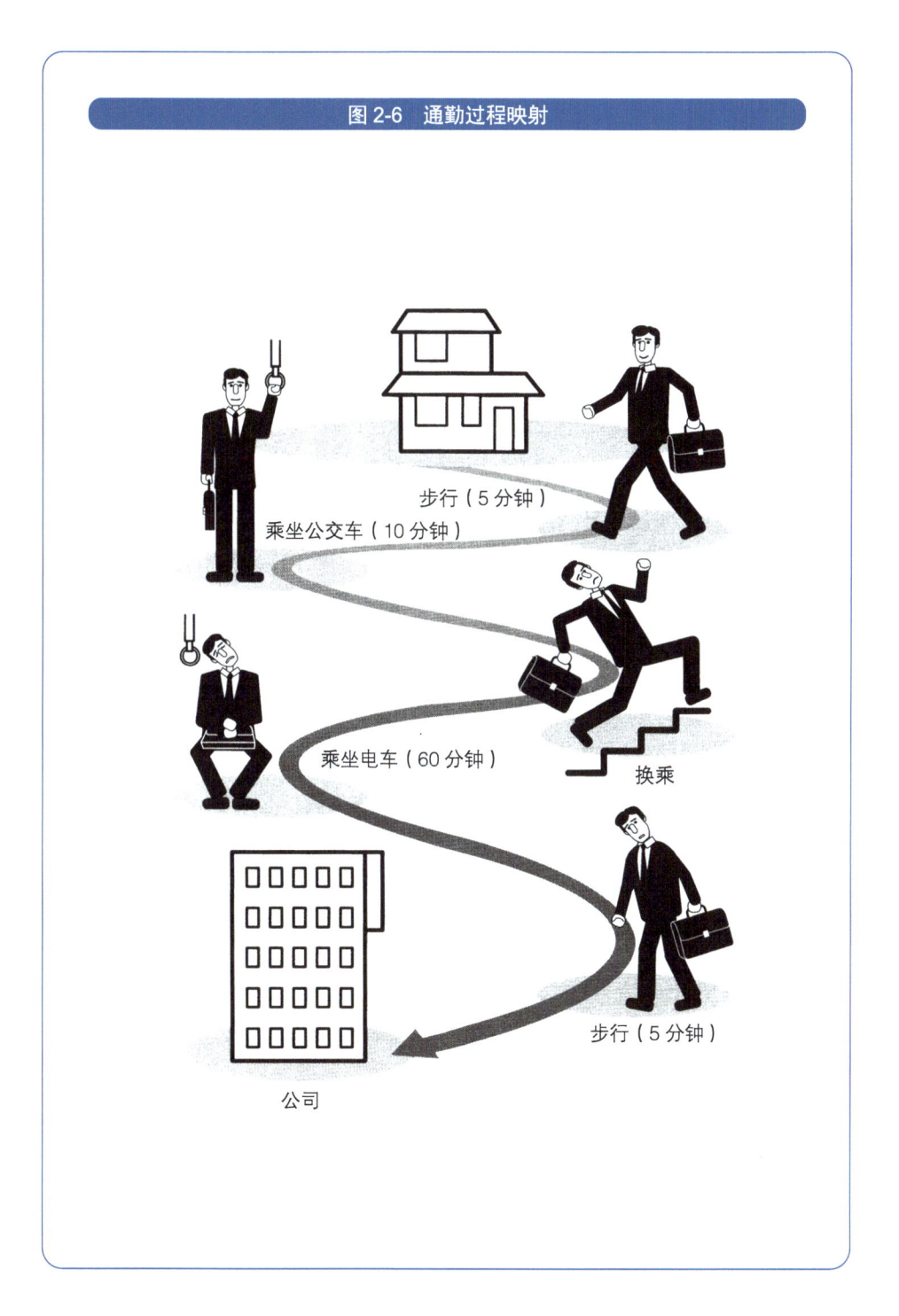

步行（5分钟）
乘坐公交车（10分钟）
乘坐电车（60分钟）
换乘
步行（5分钟）
公司

07 去公司的方式只有这些吗

去公司上班的方式不止一种

现在我们已经大致了解了松井的通勤过程和通勤时间，但这充其量只是"现在使用的路线"。

这条路线是不是最合适的呢？首先必须考虑评价方法。而且，和其他方法比较是否优劣，也要作为分析对象（见图2-7）。

松井是什么时候定下现在的路线的呢？回想起来，当时备选了两条路线，最后实地走了一遍后选了比较快的一条。从那以后十年都没有改变过。

和十年前相比，现在的交通状况发生了很大变化。新路线、新站点不断增加。新站点为一部分人提供了便利，对松井来说，因为站点增加，要比过去花更多的时间，却是弊大于利。松井的问题在于"十年间没有修正评价"，更普遍的问题是"只在自己注意到的范围内作评价"。

我们的目的是通勤时间固定化。为实现这一点，必须从梳理所有路线开始做起，而且使用信息要是最新的信息。

打车不在考虑范围内，那么和家附近的同事拼车呢？松井先生的工作网、客户并不少，但是这个方法不太适合他。通勤时间和路况也有关系。

发现可使用的新路线后，必须和现在的路线进行比较。不能仅仅凭借感觉、经验或者胆量做出判断。六西格玛是用数据推进理论的方法。

图 2-7 通勤路线只有这一条吗

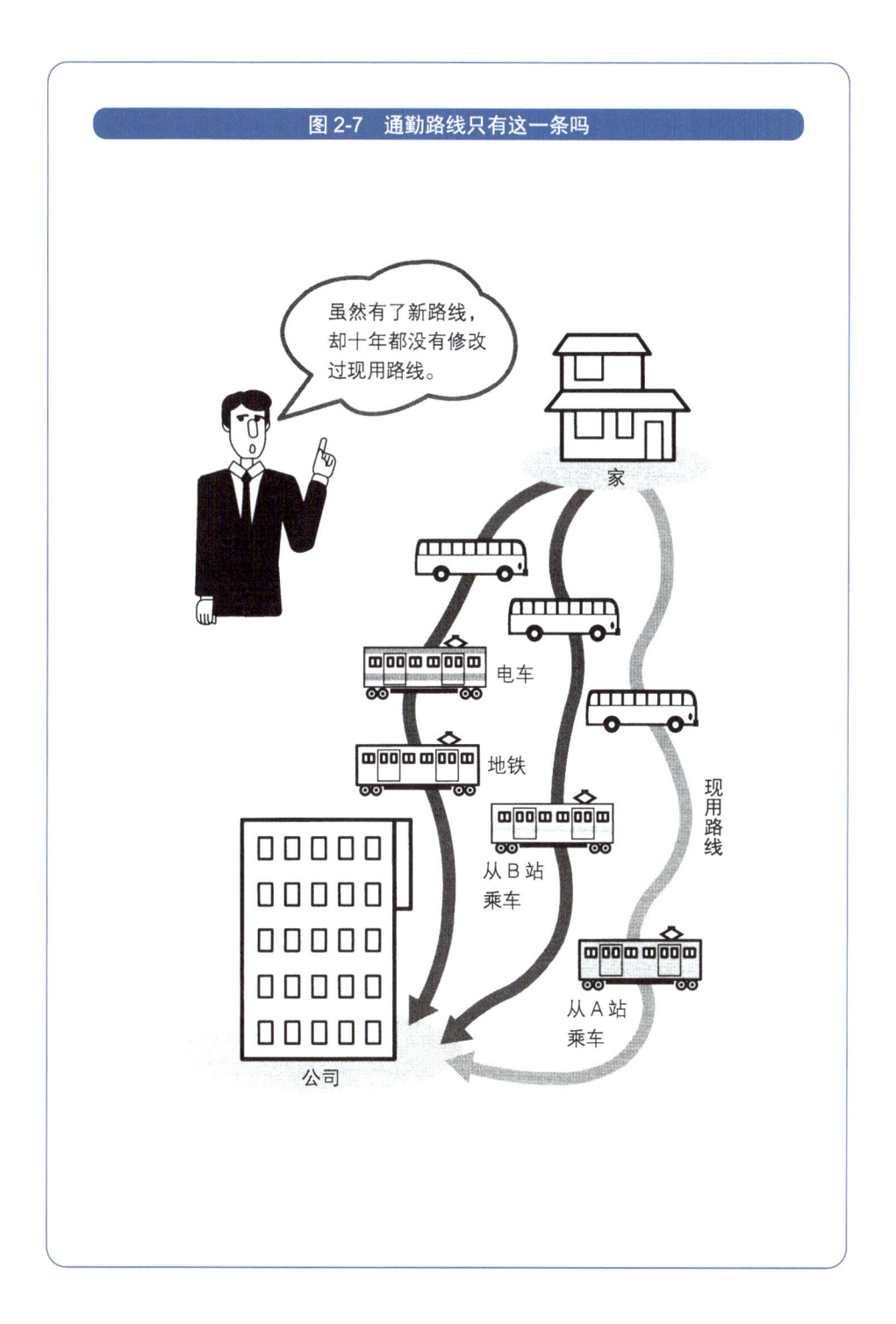

08 每天通勤时间不固定

从数据看差异

很多人每天早上都习惯乘坐同一辆电车。可是会不会经常有这样的情况发生呢？"比平时早到了10分钟""没出事故却晚了10分钟"。

之前，松井只研究了平均乘车时间，而影响更大的是上面列举的差异。

通过把握现状[1]，松井发现作为迟到的主要原因，差异有很大关系。在日常生活中，我们基本不使用"差异"这个词语，也许无意识中选择了"无差异"的路线。抑或是知道这条路线"经常导致迟到"而放弃了。路线不同，差异程度也会不同。如图2-8所示，即使同一路线，差异也会发生变化。

例如，每到春天，新员工乘车时，电车时间出人意料地不稳定起来。很大程度上是这些人还没有适应早高峰。

另外，下雨天电车也容易延误。雨伞雨具对人和电车都有影响，使通勤时间发生变动。众所周知，公路在5号、10号（发薪日）也很拥挤。

像这样了解对通勤过程和时间产生影响的原因十分重要。预先知道会造成多久的延迟，就可以做到如"下雨天早出门10分钟"。

六西格玛重视数据，所以积累数据十分有效且必要。

图 2-8 通勤时间有差异

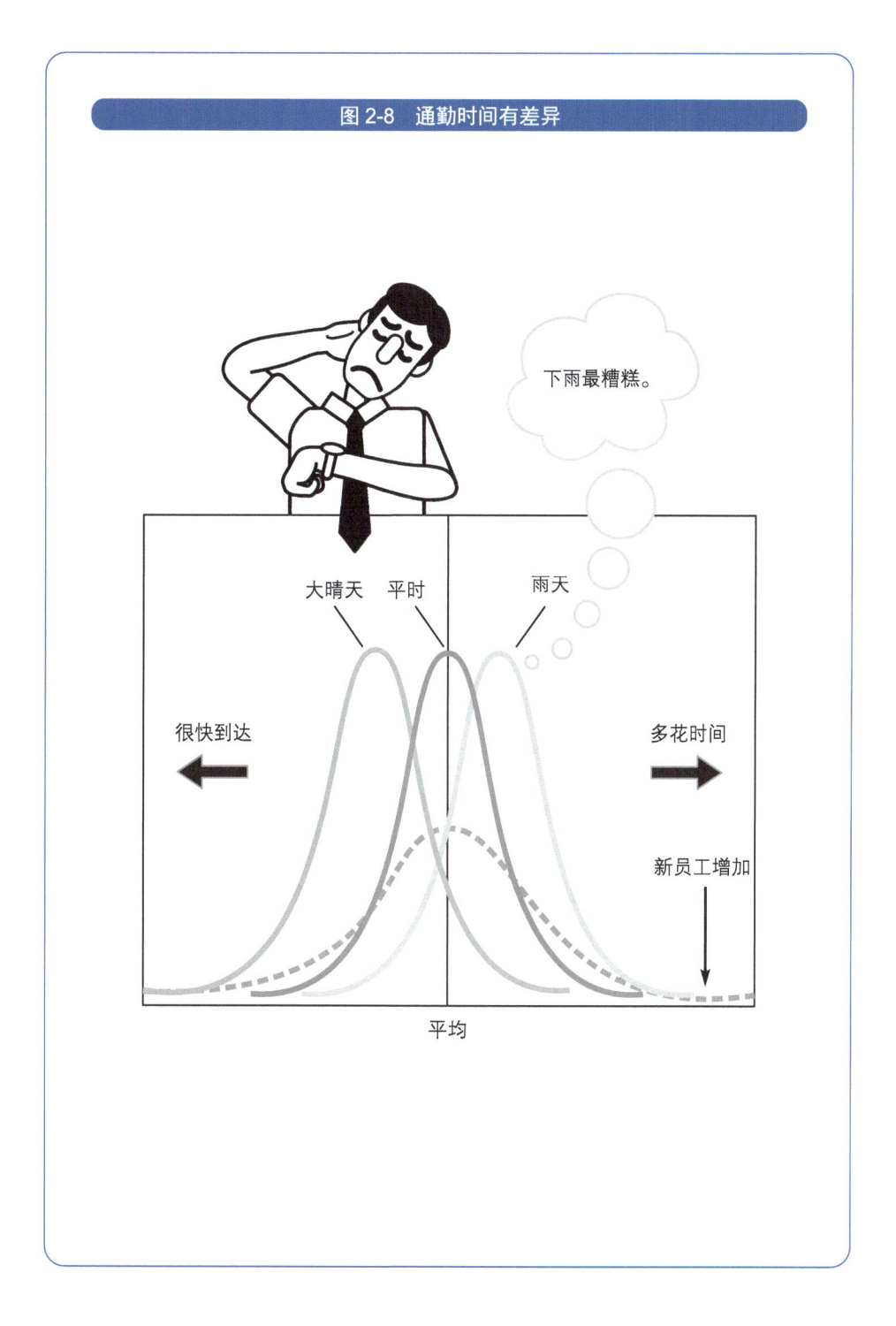

下雨最糟糕。

大晴天　平时　雨天

很快到达 ←

→ 多花时间

新员工增加

平均

09 乘车时间的陷阱

明白迟到的原因

松井迟到的原因到底是什么呢？肯定有几个相关的因素，如图 2-9 所示。

首先是松懈的时间管理。只要定下起床时间和之后的行动内容，就应该在同一时间到达——他采用这样一个按部就班的管理方式。从起床到出家门的 40 分钟时间内，松井十分忙碌，稍微磨蹭一会儿都会耽误时间。归根结底，他需要给每项行动定下时间目标（路标）。

所选择的通勤方法也是引发迟到（造成时间不稳定）的原因之一。一般来说，公交车、汽车这类路上交通工具时间稳定性较低，而电车、地铁等使用专门路线的交通工具时间稳定性相对较高。

而且，还要考虑到之前所说的天气、季节、周期变动等差异的小因素。

电车速度不会因为个人努力而变快。与此相对，步行、换乘、等车时间是松井本身在一定程度上可以控制的，即后者具备改革的可能性。像这样分为"可控因素"和"不可控因素"对推进改革来说是很重要的。在这里请大家注意一点，那就是不能动不动就把一点儿困难当成"不可控因素"，还是要尽量去研究、讨论。如果研究不充分，容易导致现状停滞不前。

六西格玛的目的不是"打造无所不能的超人"，而是提倡一种人人都能做、越做会越好的模式。

图 2-9 为什么会迟到？

天气

通勤方法

起床时间

……

……

你知道真正的原因吗？

……

……

季节

……

10 决定通勤时间稳定的关键

可控因素都有什么

为保证通勤时间稳定化，讨论时必须将要点整理出来。让松井的通勤时间发生变化的因素都有哪些呢？

如图 2-10 所示，一个是通勤路线。松井家在两个车站之间，离 A 站更近。

为了不迟到，松井做了很多努力。最开始是不再睡懒觉。可是让人惊讶的是迟到次数并没有减少。后来，他又挑战缩短上班的准备时间，即提早出家门时间。万万想不到迟到现象反而更严重了。这是因为和早高峰撞车了。这种情况在六西格玛中称为"相互作用"（一般的统计用语也会使用）。根据这些经验可以知道，迟到的元凶并不是通勤时间本身，而是通勤时间的不稳定性（在实际的六西格玛活动中，现在说明的内容是要基于理论数据来决定的）。

天气、季节交替、交通拥堵、事故等因素，松井控制不了。能控制的因素大概有出门时间、乘车站、下车站、通勤路线和方式这么几种。其中，有一些经过证明是影响比较小的因素，如出门时间、下车站等。

松井将通勤路线和乘车站作为控制通勤时间的因素。

六西格玛会彻底调查影响现象（迟到）的各种原因，收集数据。收集和事项相关的数据，限定原因，分析该因素的影响程度，从而推进改革。

图 2-10 为了稳定通勤时间

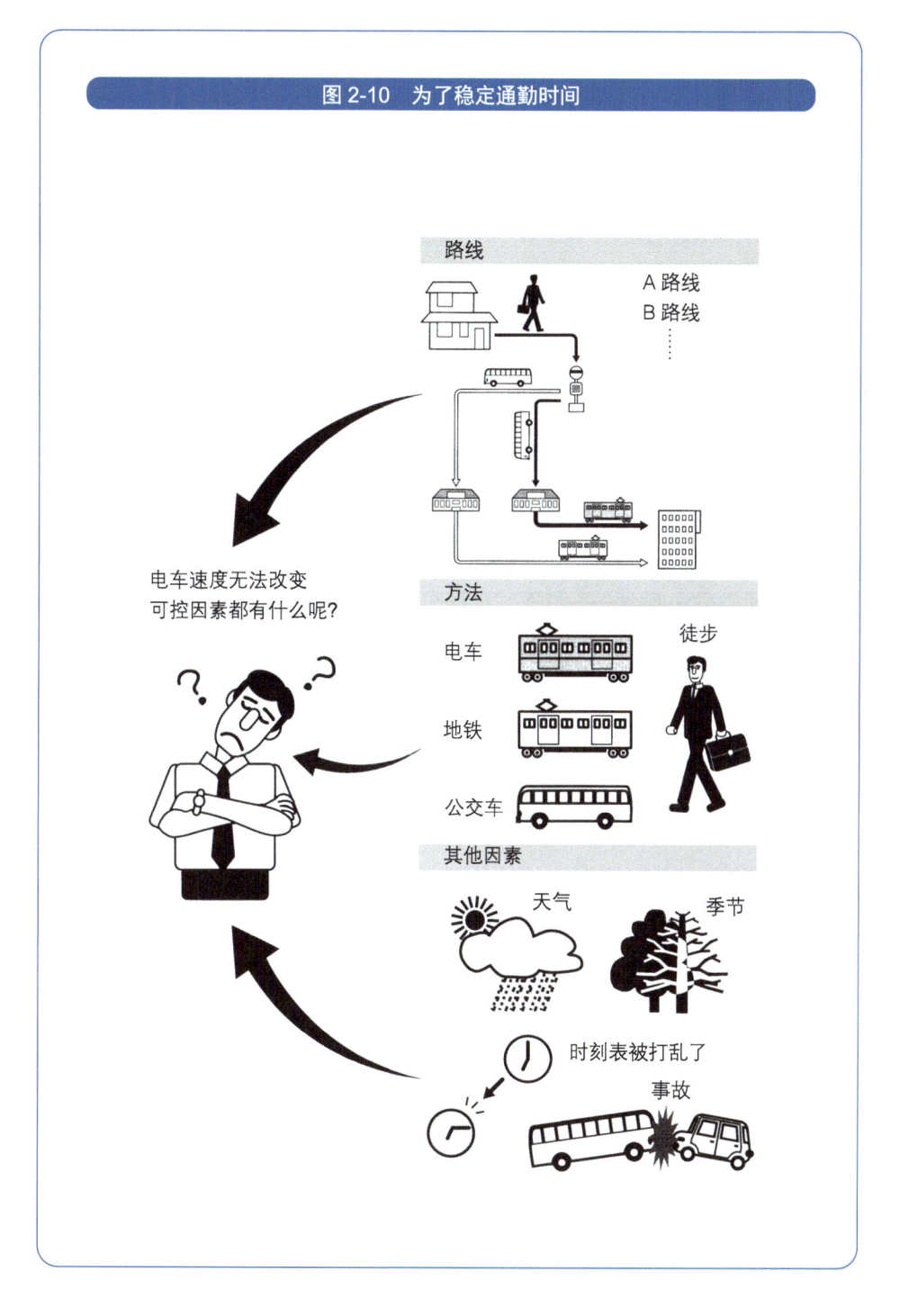

路线

A 路线
B 路线
……

电车速度无法改变
可控因素都有什么呢?

方法

电车
地铁
公交车
徒步

其他因素

天气
季节
时刻表被打乱了
事故

11 A 阶段的总结

这就是 A 阶段

以上被称作 A（分析）阶段。

以前，松井认为出家门的时间是导致迟到的主要原因，但实际发现，通勤时间的不稳定性才是症结所在。这样就加深了对改革对象的了解。如果前一阶段做得不当，就很难向下一阶段推进。温故而知新，我们将 A 阶段整理，如图 2-11 所示：

① 定义任务——避免迟到。目的是明确改革范围。

② 通勤方法/路线——打车、自驾车除外，将公交车、电车作为基本出行工具。

③ 迟到原因——研究为什么会迟到。同时认识到通勤方法不同会造成时间稳定性不同。从而得出结论：尽量少乘坐稳定性差的交通工具。

④ 确定迟到原因——引起迟到的主要原因——时间不稳定性水落石出了。

⑤ 收集数据——调查迟到状况（过去实绩），从中罗列出乘车时间、乘车站、通勤路线等，而不是起床时间和出家门时间。过去的失败经验和数据发挥了巨大作用。

⑥ 把握可控因素——确认造成通勤时间混乱的原因，最后限定为通勤路线和乘车站这两个因素，这两个因素可以由松井独自决定。

在下一个 I（改善）阶段，我们会关注通勤路线和乘车站这两个因素，继续讨论。

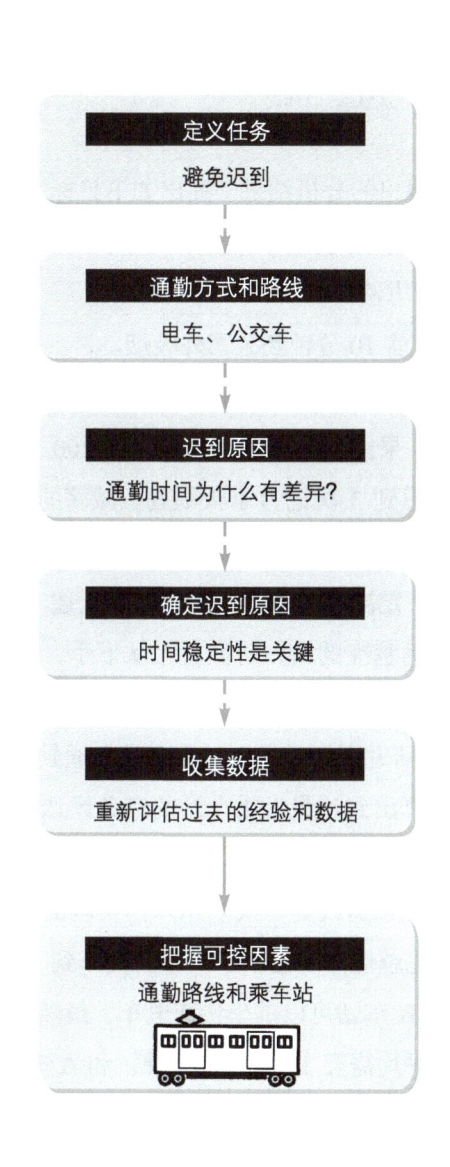

图 2-11　看清造成通勤时间不稳定的因素

定义任务
避免迟到

↓

通勤方式和路线
电车、公交车

↓

迟到原因
通勤时间为什么有差异?

↓

确定迟到原因
时间稳定性是关键

↓

收集数据
重新评估过去的经验和数据

↓

把握可控因素
通勤路线和乘车站

12 怎样去公司

研究通勤路线

松井整理了现在得出的分析结果，列出如下目标。

目标1：避免99%的迟到。

目标2：选择可行方法。

目标3：能在上班前10分钟到公司外吸烟。

从现在的迟到状况来判断，99%也就是说100个工作日只迟到1次，这是极有挑战性的目标。如果能达到这个目标，一年200天迟到2次。松井所在的公司规定6个月内迟到3次记为1天缺勤，减薪的同时还会记入工作履历中。自然，升职也会受影响。

松井的心里默默下定决心，一定要找出符合上述三个目标的最佳方案来。这一点很重要。不明确基准的话，研究就无从下手，而且，也会影响最终方案的选择。

如图2-12所示，研究因素是最近的乘车站和通勤路线。首先，使用时刻表和计算机软件，计算出到达最近乘车站的三条候选路线所需要的时间。当然，这只是标准时间。

然后，分别按这三条路线走一次。用六西格玛的术语说就是"实验"一下。结果，B车站的优越性体现出来了。坐公交车到B车站比到现在的A车站多花5分钟，但是B车站可以乘坐快速电车，虽然很挤，但是列车时刻稳定。坐了一周时间，平均需要1小时25分钟，和A车站的1小时20分钟比起来，新路线多花了5分钟。

这是按平均时间做出的比较，而迟到是被不稳定的通勤时间左右的，松井已经认识到这点，他继续向下一阶段研究了。

"多点思考"是六西格玛给我们的启示。

第 2 章　初级篇

图 2-12　改变通勤路线

目标
1. 避免 99% 的迟到
2. 选择可行方法
3. 能在上班前 10 分钟到公司外吸烟

← 决定目标很重要

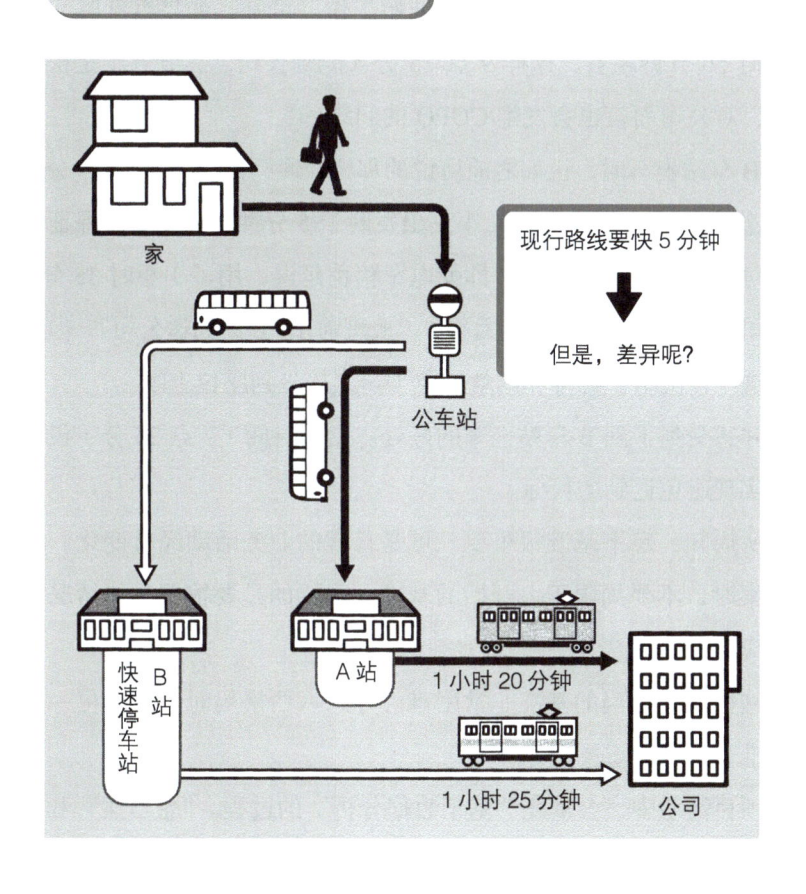

现行路线要快 5 分钟
↓
但是，差异呢？

家

公车站

B 站 快速停车站

A 站

1 小时 20 分钟

1 小时 25 分钟

公司

47

13　比较可行方案的时间稳定性

模拟最坏情况

我们按路线分别总结一下。如图2-13所示，在A车站坐车时，松井每天7点25分出家门。经过1小时20分钟后，8点45分到达公司。喝喝咖啡，抽根烟，时间很充裕地回到座位，开始工作。可是，如果迟到时，通勤会花费1小时50分钟左右，这样9点15分才能到公司。迟到并不是松井一个人的问题，对公司而言也会发生COPQ的问题。

在B车站坐车时，正如之前所说的那样，通勤需要1小时25分钟。这样8点50分到公司，虽然比从A车站出发晚了5分钟，还是可以保证喝咖啡和吸烟的时间。从B车站出发，即使电车稍稍延误，用了1小时35分钟，9点整到公司。虽然不符合之前的目标3"上班前10分钟到达公司"，但是也没有迟到。这种情况下，咖啡和烟就先免了，直接坐到座位上吧。

松井感受到了到B车站坐车的好处。出门时间（7点25分）没有改变，却可以实现避免迟到的目标。

众所周知，定下基准很重要。可是日常的业务活动经常变化，具体推进改革方案时，不要局限于一开始的基准，重要的是要根据具体情况能迅速随之做出应对。

像这样明确恰当的基准非常困难。导入六西格玛时，就会再一次认识到定义基准和问题的重要性了。

在项目活动中，会重复"基于数据分析"的过程。"想当然"和"上司主观决定"都会阻碍有条理地决定，这点希望大家能明白。

图 2-13　不迟到=选择时间稳定的路线

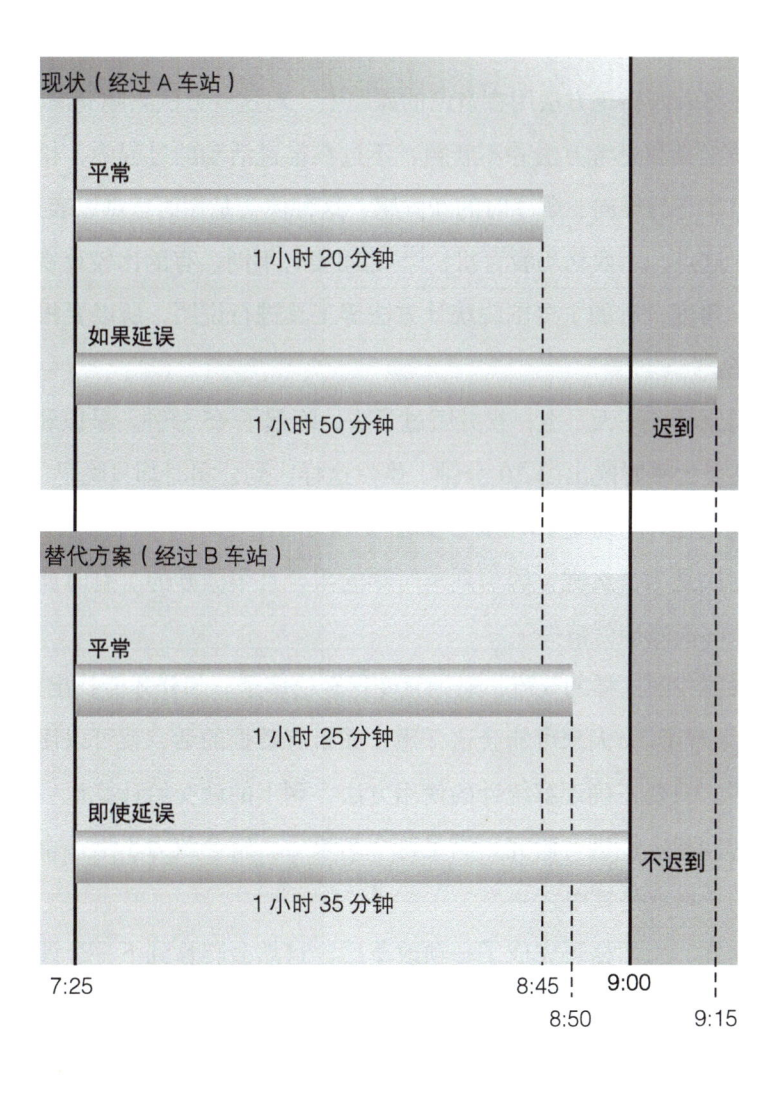

现状（经过 A 车站）

平常

1 小时 20 分钟

如果延误

1 小时 50 分钟

迟到

替代方案（经过 B 车站）

平常

1 小时 25 分钟

即使延误

1 小时 35 分钟

不迟到

7:25　　　　　　　　　　　　　　　　8:45　9:00
　　　　　　　　　　　　　　　　　　　8:50　9:15

14 再次评估第一次得出的结果

验证结果

松井将六西格玛方法用在自己的课题上，对这些方法兴趣满满。

单项工具和思考方法并不新颖，不过在推进活动的过程中，松井开始感受到决定事态的导向、顺序时的新鲜感，这种体会是用语言难以表达的。

关于这点，六西格玛教育机构[2]之间略有不同。有的比较重视六西格玛的流程、角度，有的主要围绕统计方法等工具进行说明，所以要根据目的来慎重选择。

回到原题。一天早上，松井睡过了头，晚起了 45 分钟。早饭和晨报都省略掉，还是比平时晚出门 30 分钟。虽然这样，到公司时却只晚了 20 分钟，也就是说通勤时间缩短 10 分钟，如图 2-14 所示。

这到底是为什么呢？因为列车时刻的组合是很微妙的。有时就像气流一样，一瞬间高峰期就消失了。

如果能找到这样的气流，通勤就变得轻松多了。怎样才能找出来呢？

"这太难了。"大家可能会这样想。如果有数据的话，就可以用统计方法来处理了。只要正确理解统计的使用方法，剩下的就交给计算机去做吧。松井围绕时间稳定性进行研究，满足这个结果后，就会致力于下一个问题。出勤时间的选择就是其中之一。

像这样，六西格玛完成了一项改革后，自然会转移到下一个课题，慢慢积累成功经验。

图 2-14 "10 分钟"之谜

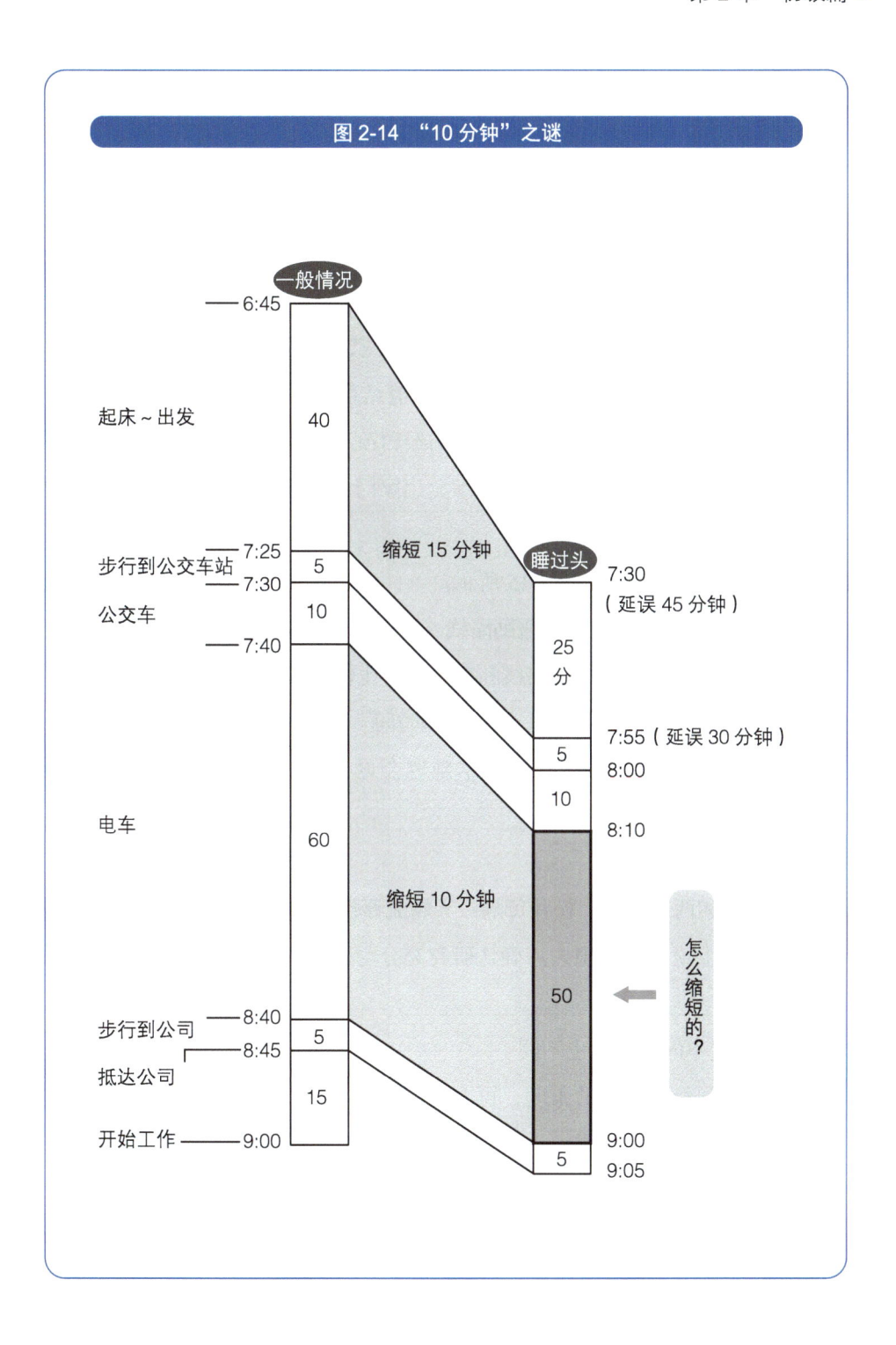

一般情况

- 6:45 起床~出发 40
- 7:25 步行到公交车站 5
- 7:30 公交车 10
- 7:40 电车 60
- 8:40 步行到公司 5
- 8:45 抵达公司 15
- 9:00 开始工作

缩短 15 分钟

缩短 10 分钟

睡过头

- 7:30（延误 45 分钟）
- 25 分
- 7:55（延误 30 分钟）
- 8:00 5
- 8:10 10
- 50
- 9:00 5
- 9:05

怎么缩短的？

15　I 阶段的总结

这就是 I 阶段

松井已经明白"和平时一样 7 点 25 分出家门，在 B 车站乘坐快速电车"是最佳方案。但是六西格玛方法还远远没有结束。

六西格玛是重视现场、重视事实的经营改革方法。将结果作为成果，最终完成一个循环。实际应用"7 点 25 分出家门，走 B 路线"是必需条件。这就是改善阶段"I"。

回顾一下 I 阶段，如图 2-15 所示。

① 同一时间出发，选择通勤路线

把三条路线中最佳的 B 路线和现状进行比较。发现比现在晚 5 分钟到。

② 将差异作为迟到原因，评价通勤时间

现在松井走的 A 路线有时电车延迟会迟到 15 分钟，走 B 路线不会导致迟到。

③ 验证结果

综合上述两个结果，松井每隔一天轮流评价 A 路线和 B 路线。重视现场很重要。纸上谈兵不能服人。确认研究充分与否的同时，也要检查研究方法的正确性。

④ 角度不同，结果也不同

从"时间稳定性"的角度，再次验证迟到现象，即检查所有有关因素的全部关系。

经过这些阶段，松井得到了"7 点 25 分出家门，走 B 路线"的答案。

接下来马上进入 C 阶段。

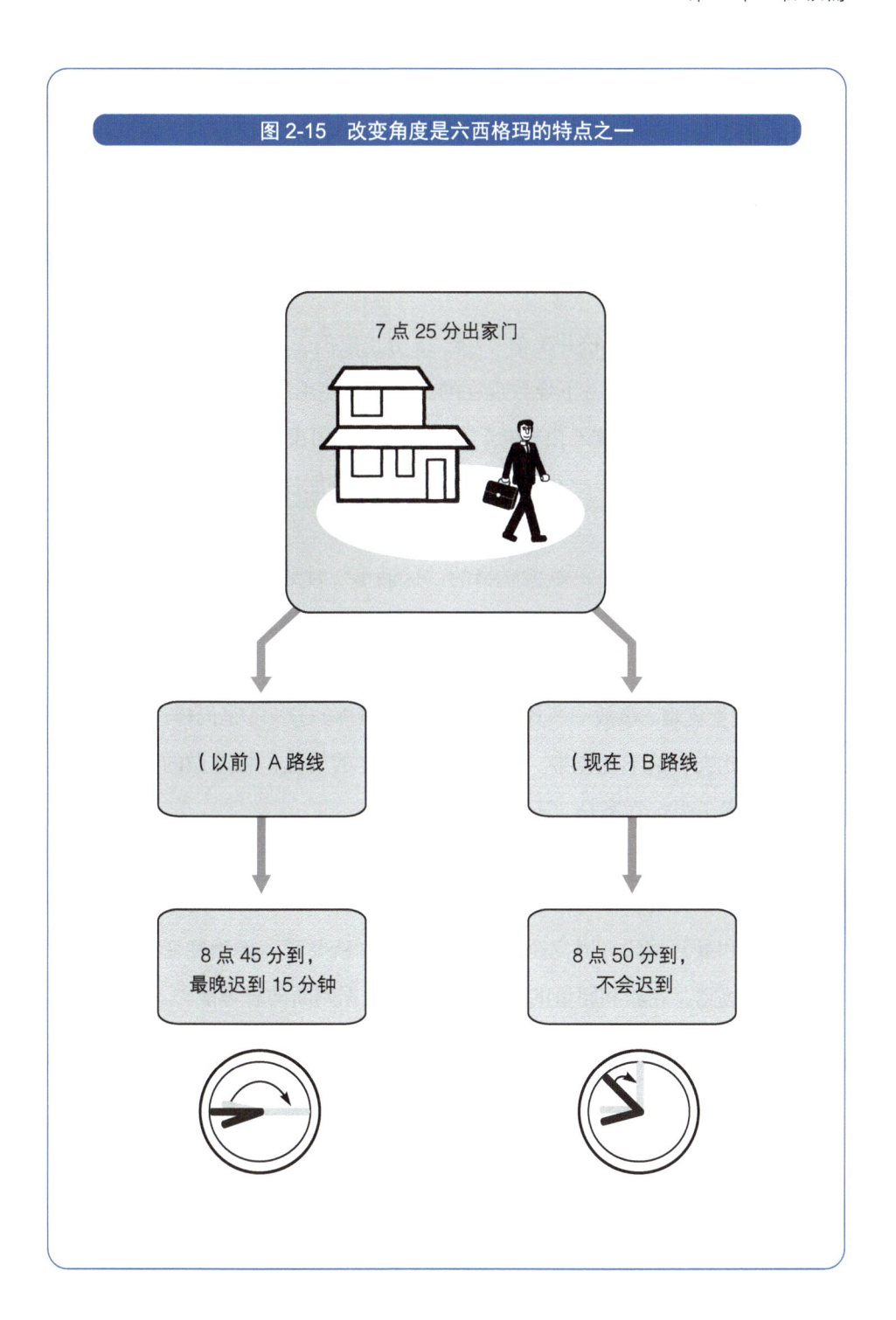

图 2-15 改变角度是六西格玛的特点之一

7 点 25 分出家门

（以前）A 路线 → 8 点 45 分到，最晚迟到 15 分钟

（现在）B 路线 → 8 点 50 分到，不会迟到

16 怎样应对突发事件

条件变化时采取的应对方法

经过几次试行后，松井确信"7点25分出家门，走B路线"是最佳方案。不过，我们再假设一下导致现在的方案不能使用的情况，如图2-16所示。

① 公司迁址——这不由松井的意志决定。公司没变，上班地点发生变化。

② 被派遣到别处——很遗憾，这也不是松井能控制的。完全换到另一个地方。

③ 列车时刻变更——松井选择的"这辆车"时刻表可能会变。

④ 新增直达车等——车站改建、开设直达车、增发快速列车等，有利也有弊。

⑤ 发生灾难、事故——其他不可预测的事件。①~④是同样性质的因素。

诸如此类事情不胜枚举。万一发生了这样的情况，松井做的努力是不是就化为泡影了呢？答案是"不是"。

以"通勤时间稳定化"为目的建立的研究步骤是六西格玛的本质。当上述环境发生变化时，只需修改数据再考虑一次就可以了。因为之前有数据积累，所以和最开始研究时完全不同。通过追加新要素，准确度变得更高。要彻底清除感觉、经验和胆量的影响，掌握按数据判断的思考能力。

图 2-16 条件变化时怎么办？

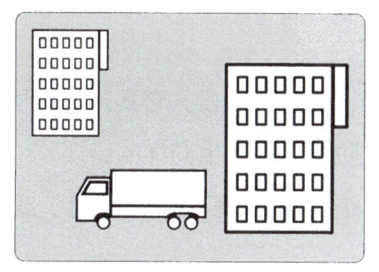

公司迁址

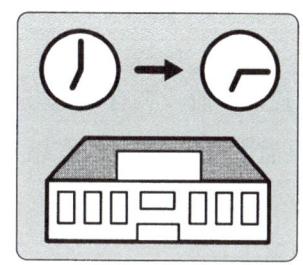

列车时刻变更

被派遣到别处

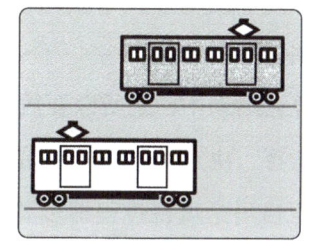

新增直达车等

发生灾难、事故

不过没关系

17　C 阶段的总结

这就是 C 阶段

C（控制）阶段在有的地方也称作"管理"阶段，它真正的意思是指"为保持成果而进行控制"，认真思考如何防止再次发生同样的错误。

在企业活动中，这和"防差错系统"（为了不犯错而努力）或"水平展开"[3]相当。

所以，不论松井被派遣到别处还是决心跳槽，实现"避免迟到"后，就可以活用这次的经验。

在经营活动中，之所以要放弃凭借感觉、经验和胆量（KKD），根据数据来做出选择、决定，是希望决策能更合乎理论、有可操作性。

六西格玛是重视过程即步骤的活动。即使条件发生变化，曾经研究过的过程都会成为可积累的财富。所以，项目是一边整理过程一边得到推进的。

如图 2-17 所示，如果将这项活动有条理地进行积累、持续，那么成果可以转化为现实。这种方法被称为"知识管理"[4]，备受瞩目。

10 年来松井一直采用完全相同的通勤路线，丝毫没有注意到其他方法。但是通过这次的经验，他认识到收集新数据、检查的重要性。这也是持续进行六西格玛活动的要点。

对于下个月开始的公司内六西格玛培训，松井满怀信心。

第 2 章　初级篇

图 2-17　打造全能的"知识管理"

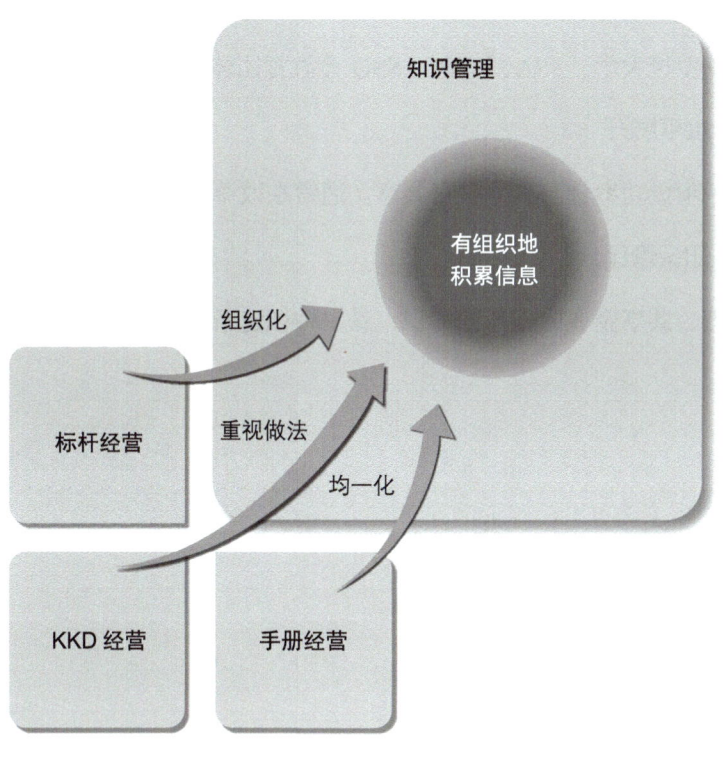

知识管理

有组织地
积累信息

组织化

重视做法

均一化

标杆经营

KKD 经营　手册经营

有组织地积累信息，
提高、稳定服务质量

57

第 2 章注释

[1] 把握现状

明确判断现在的事态。这在改革活动的初期阶段必须进行。

[2] 六西格玛教育机构

摩托罗拉大学、SSA、AAA、SSQ 等教育团体,可颁发证书。

[3] 水平展开

将一项成功案例与其他项目共享。通常在改革活动结束时实施。

[4] 知识管理

管理、共享企业内外部的知识,是一种创造新的附加价值的管理方法。

第 3 章 中级篇

客户不等人——提高零部件订货单的质量

为了把六西格玛活用到工作中去,我们虚拟一个制造商 ATAGO 精密公司,进行一个"防止交货期延迟"的项目。

01 客户的心声：不满意

为了从 CS 调查中得到正确的 VOC

调查公司的发表会刚刚结束。听完报告内容后，机械装配商 ATAGO 精密公司（以下简称"ATAGO 精密"）的客户咨询室主任苦恼得双手抱起了头。

最近 7 年来，ATAGO 精密每年做一次 CS[1]（客户满意度）调查，从结果来看并没有什么大问题。客户综合评价分为 5 分制，最高曾得到 4.3 分。

然而，如图 3-1 所示，虽然综合评价呈上升趋势，业绩却逐年减少。受到执行董事指责后，客户咨询室主任委托外部机构，对 4 家主要竞争对手的用户群也做了标杆管理[2]调查。结果令人十分不解。

一句话，结果惨淡。在 5 家公司的比较中，差评最多的是和交货有关的项目，很明显，"交货期比其他公司长"。

调查对象也包括 ATAGO 精密的重要客户，从他们那里得来的回答也都是"不满意"这个层面的。这在以往的 CS 调查中是绝对没有的。

对主任来说，把这样一份结果报告给董事，是非常为难的事情。不过，最终他还是下定决心，拿着报告走到了董事楼。

"董事，这是前些天标杆管理调查的报告书。市场、客户对我公司的评价不是很高。我想这肯定是业绩低迷的原因之一。考虑到这次的结果，您委托制定的六西格玛项目课题就定为'防止交货期延迟'如何？"

图 3-1 CS 调查结果呈上升趋势

销售额（亿日元）

CS 综合评价

第1次 第2次 第3次 第4次 第5次 第6次 第7次

标杆管理调查结果

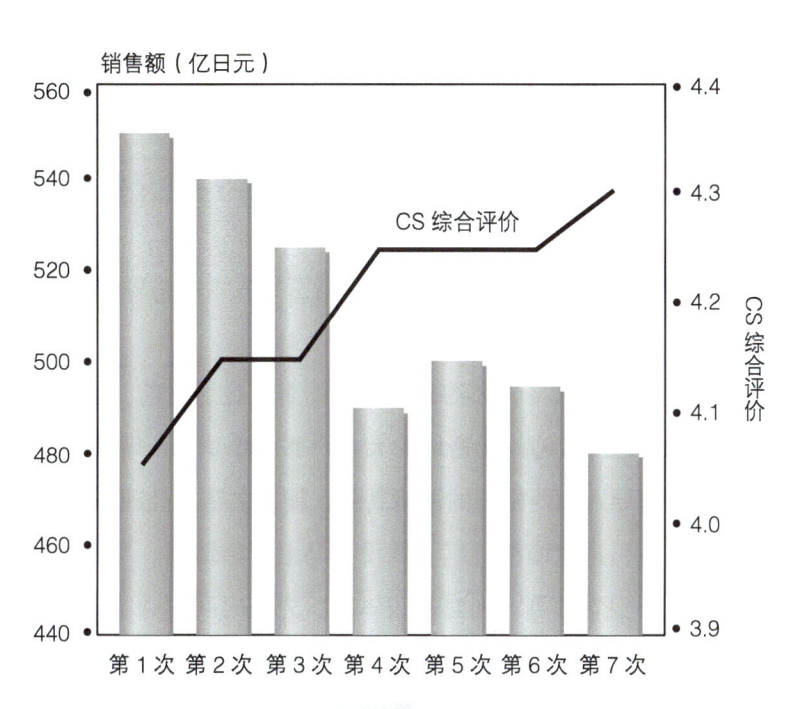

CS 调查和市场评价一定吻合吗？

	产品	技术能力	营业对应能力	交货期达成度	服务	综合评价
ATAGO 精密	4.5	3.9	4.2	2.5	3.5	3.7
A 社	4.3	4.1	4.0	4.7	3.5	4.1
B 社	4.2	4.0	3.9	4.0	3.7	4.0
C 社	3.8	3.7	3.7	4.3	3.7	3.8
D 社	3.5	3.5	3.9	3.9	4.0	3.8

02 有效利用时间和金钱

导入六西格玛的过程

为了消除客户的不满,"防止交货期延迟"被选为 ATAGO 精密的六西格玛项目课题之一。

在这里,我想简要介绍一下 ATAGO 精密导入六西格玛的过程,如图 3-2 所示。

正式决定导入六西格玛大约是两年前的事。在那之前,都是质量管理部的负责人受邀到已经实施六西格玛的大客户那里接受几天培训。

从此公司内导入六西格玛的情绪高涨,就在去年总经理终于做了决定。

总经理同意引进六西格玛后,并没有马上开始培训。导入六西格玛毕竟要花钱。为了不浪费预算,同时整改体制,先花时间调查了已实行企业的实践过程(优秀事例)。如 BB 候选人要兼备"领导能力"和"改善企业的决心",董事有义务给全体倡导者进行培训等。

六西格玛活动运营事务由经营企划部来负责,为选定全公司的项目课题,他们收集了 CS 问卷、调查结果、质量管理报告书等基础数据。

这样选出的 CTQ,都是"售后服务""性能设计"等 ATAGO 精密历来的弱势项目。

所以,可以说在收集 VOC 之前,"交货期延迟"是经营者没有考虑过的问题。

可见 VOC 的威力有多么大了吧。

图 3-2　ATAGO 精密导入六西格玛的历程

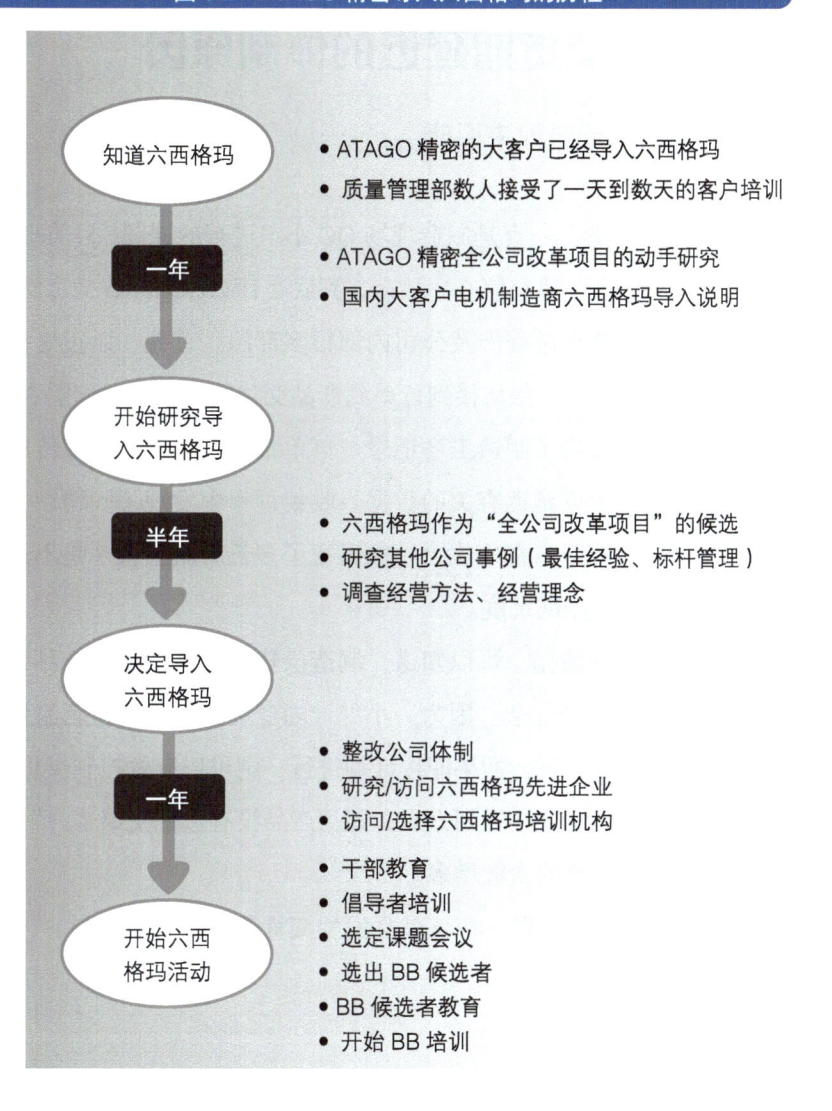

```
知道六西格玛
    │
   一年        • ATAGO 精密的大客户已经导入六西格玛
    │         • 质量管理部数人接受了一天到数天的客户培训
    ▼
                • ATAGO 精密全公司改革项目的动手研究
                • 国内大客户电机制造商六西格玛导入说明
开始研究导
入六西格玛
    │
   半年        • 六西格玛作为"全公司改革项目"的候选
    │         • 研究其他公司事例（最佳经验、标杆管理）
    ▼         • 调查经营方法、经营理念

决定导入
六西格玛
    │         • 整改公司体制
   一年        • 研究/访问六西格玛先进企业
    │         • 访问/选择六西格玛培训机构
    ▼
                • 干部教育
                • 倡导者培训
开始六西       • 选定课题会议
格玛活动       • 选出 BB 候选者
                • BB 候选者教育
                • 开始 BB 培训
```

03 交货期延迟的体制原因

用流程来说明

"缩短制造供货期"一直是制造现场 QC 小组进行的课题。目前小有成绩，现场对于"按期生产"很有信心。那么，到底是什么原因导致交货延迟呢？

给客户供货的整个过程涉及公司内部很多部门。首先，以正确把握现状为目的，项目成员做出一张从接到订单到产品交付的过程图，如图 3-3 所示。

在此基础上，收集了制造工序记录、订单报告书、从营业部传给技术部的委托等所有与交货期延迟有关的数据。收集过程中发现了问题。制造现场在进行改善期间，着眼点在"比上一次缩短了多长时间上"，"是不是符合计划"则不是评价制造期的尺度。

分析过去一年的数据，可以知道，制造供货期因生产线、产品种类不同而不同，计划本身十分复杂。因为一小处计划变更而不得不重新制作全部计划的事情时有发生。相反，如果能按计划进行，则可以有效控制供货期。

问题是有时不能保证按计划完成，即"产品没有按期交给客户"。这只会导致销售人员登门致歉的次数增多。

计划和现实之间的差距，应该就是发生交货期延迟的原因。

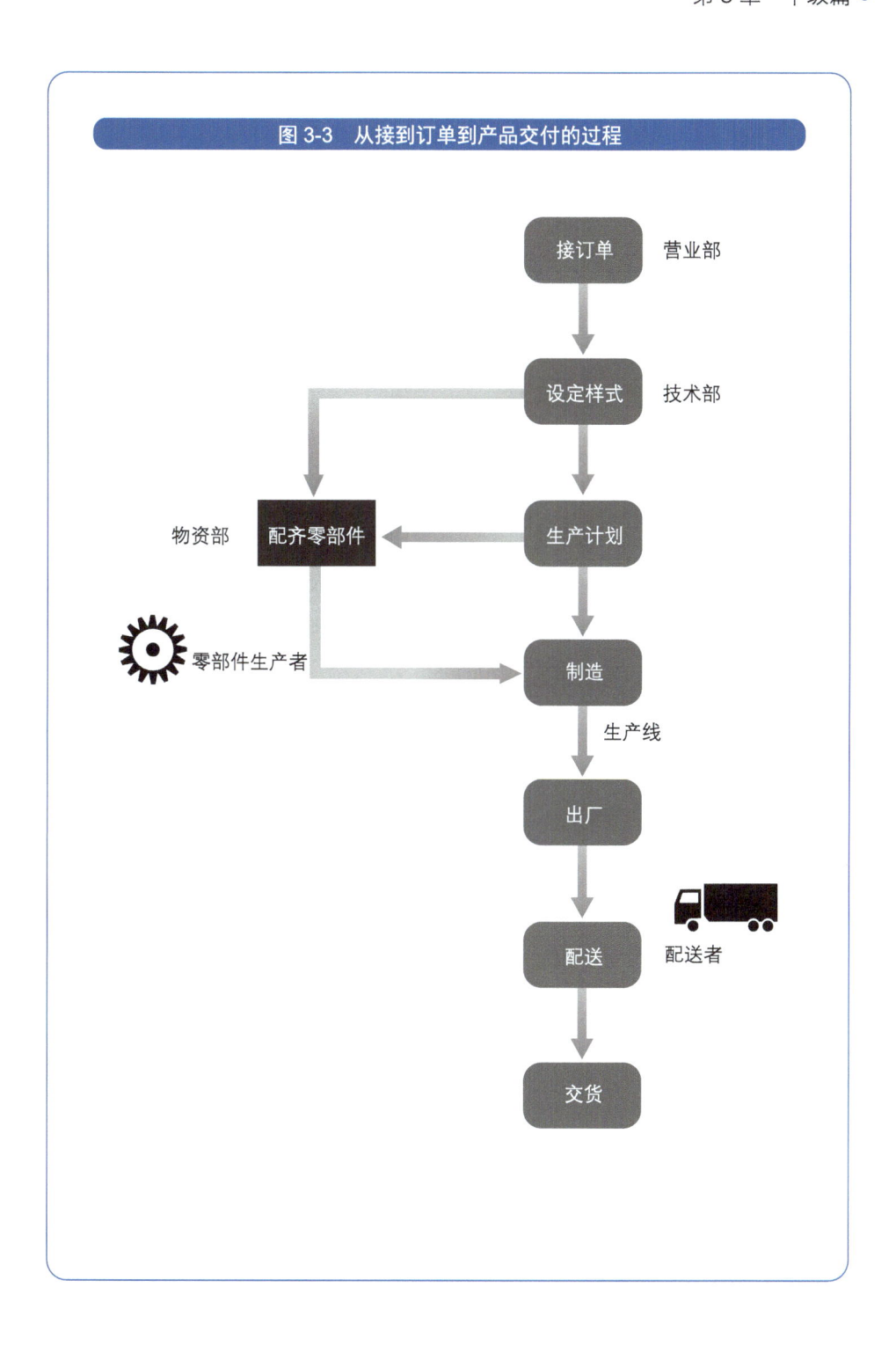

图3-3 从接到订单到产品交付的过程

接订单 — 营业部

设定样式 — 技术部

配齐零部件 — 物资部

零部件生产者

生产计划

制造

生产线

出厂

配送 — 配送者

交货

04 交货期延迟造成的损失

COPQ 与交货期延迟相伴

解决交货期延迟不是一句话就能搞定的。如果没有找准焦点，循序渐进，极有可能与根本问题失之交臂。

由于交货期延迟产生的 COPQ，都包含什么呢？

大的方面有产品本身造成的销售额损失，营业部门人员因道歉而花费的人工费也不可小视。修改传票的工时和仓库存储空间、费用也要考虑在内。

统计数据如图 3-4 中的图①所示。"时间来不及"和"重新制作"是最大的两个原因，占到 COPQ 的 80%以上。将延迟原因细化后，会发现有一些共同的东西（见图 3-4 中的图②、③）。

这就是和配齐零部件相关的问题。从接到订单到产品交付的一个周期内，消耗时间最长的就是收集零部件，它占整体时间的 70%以上。如果不能按时完成，势必影响到供货期。

一个问题是零部件不全。万事俱备，只欠东风。因为缺少必备零部件，不得不停工。即使只少一个，整条生产线也会停下来，产品就无法完成。

另一个问题是误用了相似的零部件。因为是在中途的检查工序中发现的，所以必须调整制造计划。ATAGO 精密使用的零部件全部是外购品，本公司不能提供。

"看来要修改零部件的订购流程了。"BB 候选者高桥已经下定决心。

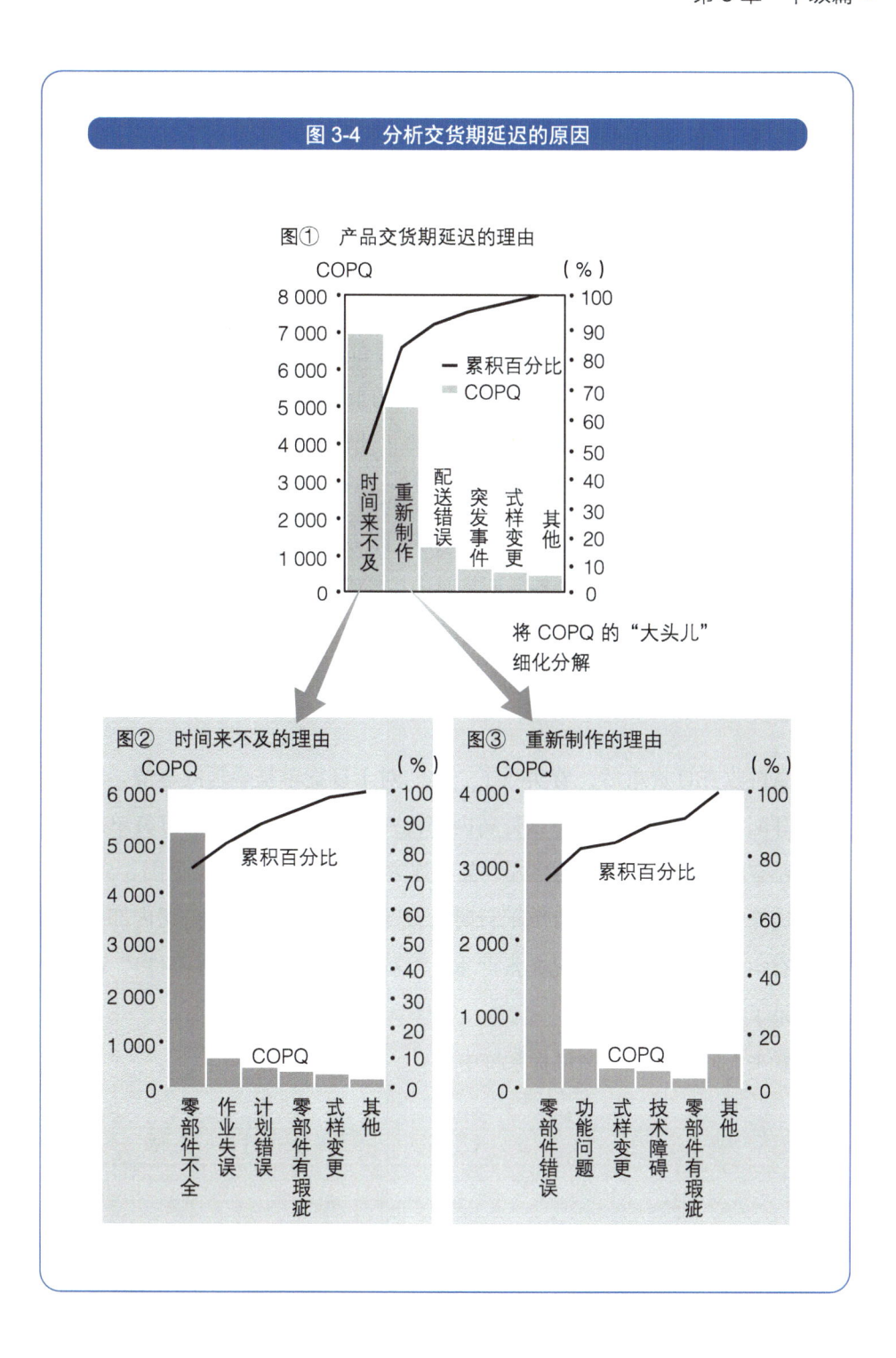

图 3-4 分析交货期延迟的原因

图① 产品交货期延迟的理由

（纵轴：COPQ，右轴：%）

柱状图类别：时间来不及、重新制作、配送错误、突发事件、式样变更、其他

图例：累积百分比、COPQ

将 COPQ 的"大头儿"细化分解

图② 时间来不及的理由

（纵轴：COPQ，右轴：%）

柱状图类别：零部件不全、作业失误、计划错误、零部件有瑕疵、式样变更、其他

图例：累积百分比、COPQ

图③ 重新制作的理由

（纵轴：COPQ，右轴：%）

柱状图类别：零部件错误、功能问题、式样变更、技术障碍、零部件有瑕疵、其他

图例：累积百分比、COPQ

05 问题在于零部件的订购

过程中隐藏瑕疵[3]

BB候选者高桥决定再次整理一下订购零部件的过程。

ATAGO精密原则上采取客户订单为主的生产模式。营业员从客户那里接到订单那一刻起，产品式样和接单日已经正式确定。订单确立后，公司再一次研究产品式样书。在这个过程中，有时会选用和接单时设想的不同的零部件。整个调配过程同时传送给制造计划部门，决定式样后定下生产计划。

确认零部件在库情况，备品不足时向供应商订货。从大型企业到小厂家，大约有50家，基本上都是ATAGO精密自创业以来长期合作的厂商。需要零部件的部门做出一份订货单，通过采购部向厂家订货。交货期也由采购部管理。

高桥收齐订货单后，着实吓了一跳。对于订货单是手写的事情，以前也有所耳闻，但是至少也应该是公司内部统一的，可多种格式的订货单层出不穷。还有的直接沿用厂家的格式，甚至连方框都是手工画的（见图3-5）。

这样一来，订货时的必填项目时常被落下，即使用的是公司内部格式，也留有空格没填，这类情况非常严重。"这样居然也能凑齐零部件！"高桥已经惊呆了。

看来大问题就隐藏在订货系统中。

图 3-5 订货单格式各种各样

69

06 量化零部件订货单的问题点

算出瑕疵率，设定目标

发生交货期延迟的产品所用的零部件订货单，在一定程度上存在不完善的地方。如果仅把这一项当作分析对象，订货单的瑕疵率是100%。所以，高桥假设"零部件订货单存在问题"。也就是说，不单是调查、分析问题零部件的订货单，而是涵盖到其他所有零部件的订货单。

从上一年的零部件订货单中随机抽取1 000张作为分析样本。在不特定问题的前提下，只要有一处不妥当的地方就算有瑕疵的订货单。结果如图3-6所示。

1 000张中有100张瑕疵订货单，瑕疵率高达10%。如果能消灭这些瑕疵订货单，零部件交货期将大大得到改善，进而也可以避免产品的交货期延迟状况。

现在必须给六西格玛项目设定一个具体目标了。如果把改善瑕疵率作为目标的话，目标值设定在多少最合适呢？

高桥咨询了MBB江川先生，得到了下面的建议。

"一般来说，过程能力达到3σ以上，目标应该定在现在的瑕疵率的一半左右。不到3σ时，就像现在这种情况，需要把目标定在1%。"

因此，ATAGO精密的目标就是"订货单瑕疵率在1%以下"。如果能实现，会大大改善COPQ。高桥向倡导者报告了这个目标后，得到大力支持，他兴奋地着手进行下一步工作了。

图 3-6 减少有瑕疵的订货单

1 000 张中有 100 张瑕疵订货单=订货单瑕疵率为 10%

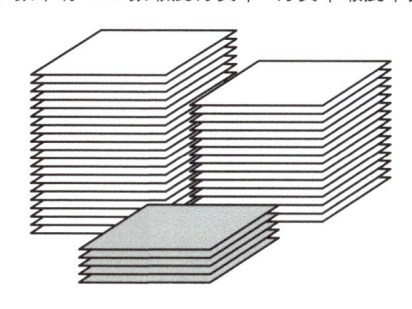

目标
订货单瑕疵率在 1%以下

07 订货单的问题是怎样产生的

阐明发生错误的主要过程

直觉告诉高桥"只要统一了零部件订货单,错误自然就没了"。事实上80%左右的订货单都使用统一格式。

收集订货单时,眼睛只盯着不符合格式的,所以当时就认为肯定还有更多违反规则的,可结果却出乎意料。用数值表示出来后,和个人感觉不一致。这点需要再次明确。

话又说回来,到底错误原因在哪里呢?

既然已经使用了统一格式,那么改革目标就定为"消除笔误"或者"填完全部项目"之类的就可以了。然而,六西格玛并不是像"打地鼠"游戏一样一个个地抓住原因,而是最终要思考"引起错误的过程是什么"(见图3-7)。

为了研究"填写订货单的过程中产生的错误",高桥召集了制造部员工和采购部员工,共同开展"头脑风暴"活动。经过江川提醒后,又邀请了技术部和零部件供应商的销售部员工。

销售人员主要开展营销活动,促使ATAGO精密使用本公司的产品。越是高端的技术产品,订货人越不会是采购人员而是设计开发人员。这样,多数情况下是决定式样的技术部门直接订购零部件。另外,接到订单的销售人员的意见也起到参考作用。

这次的头脑风暴活动气氛极其热烈。

图 3-7　解决问题之道

打地鼠式

课题：填写错误过多

↓

对策：消灭填写错误

着眼过程式（六西格玛）

08 头脑风暴和因果图

总结产生瑕疵的原因

头脑风暴活动开始了。

制造部门代表："我听说六西格玛是一种新方法，可是头脑风暴 QC 小组什么的不是常用吗？"

采购部门代表："说实话我没怎么参加过 QC 小组活动，都是交给 QC 部门去做的。头脑风暴到底是什么啊？"

听到这些声音，高桥有点不安起来。这时被选为 GB 的技术部人员及时帮忙。

"六西格玛大量使用了我们现在用过的方法。看到这些工具应该都不陌生。可能有的部门还不太熟悉。所以，让全公司都统一使用共同的语言、手段就是六西格玛的一个主要特征。"

从现在开始，头脑风暴开展得异常活跃，涌现出许多意见。

技术人员："我还不知道订货单的填写项目都是固定的。"

采购人员："每次收到很多订货单，都要先费时去整理。"

销售人员："送到我们公司的订货单，如果发现有漏填项目，有时也会自己猜测、判断一下。因为每项逐个问，也很给大家添麻烦。"

制造人员："缺少零部件时，经常口头下单，过后很担心当时是不是说错了。"

如图 3-8 所示，把列举出来的问题整理成因果图（鱼骨图）。

第 3 章　中级篇

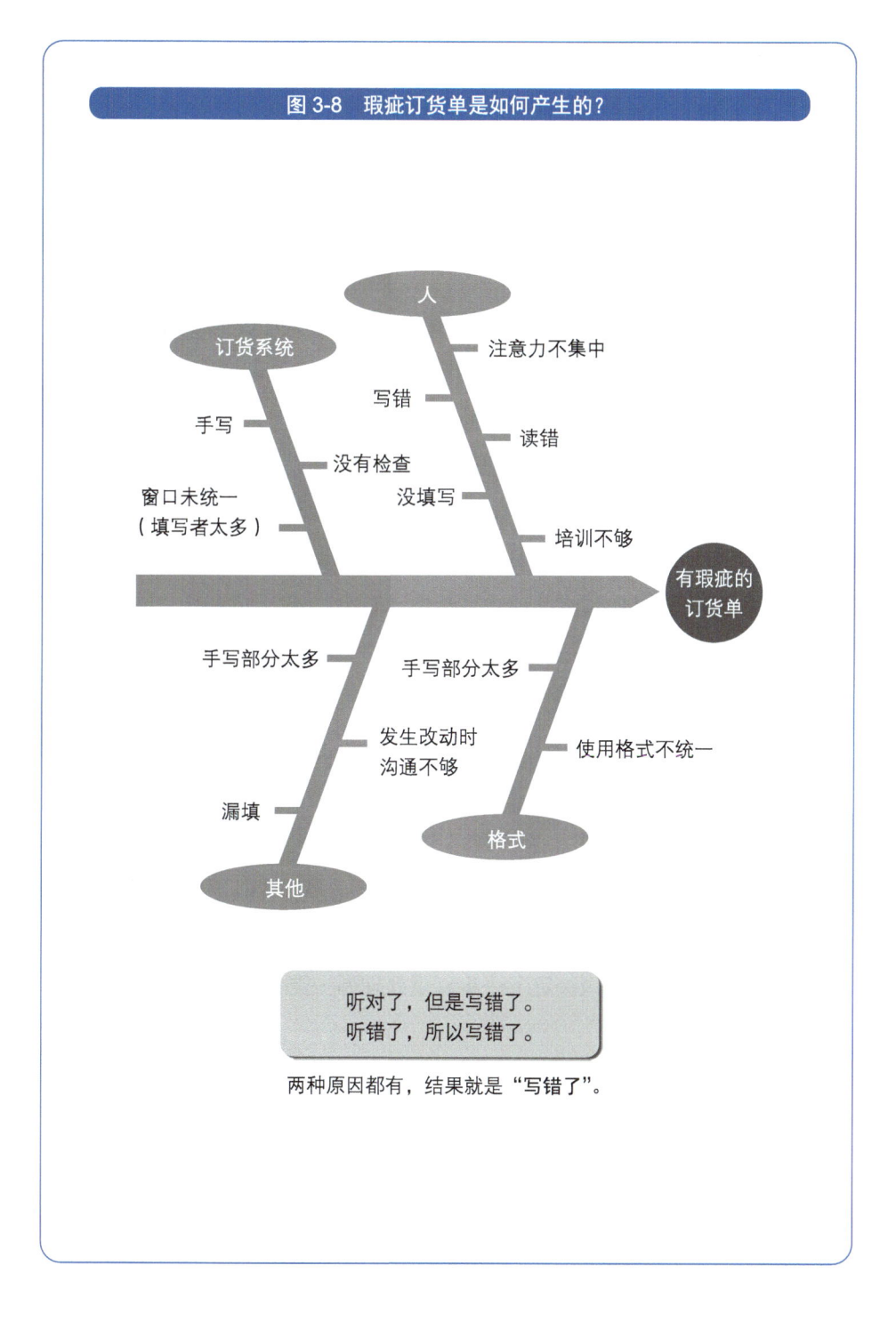

图 3-8　瑕疵订货单是如何产生的？

订货系统
　手写
　窗口未统一（填写者太多）

人
　注意力不集中
　写错
　读错
　没有检查
　没填写
　培训不够

有瑕疵的订货单

其他
　手写部分太多
　发生改动时沟通不够
　漏填

格式
　手写部分太多
　使用格式不统一

听对了，但是写错了。
听错了，所以写错了。

两种原因都有，结果就是"写错了"。

75

09 订货单的瑕疵是什么

找出因果图的核心

根据在头脑风暴活动中完成的因果图，高桥把订货单的瑕疵分门别类。

如图 3-9 所示，图中最多的是"书写错误"。这个问题即使是统一了格式，也不会完全得到解决。其中还包括单凭数据无法进行分类的"听错了"。

和"书写错误"相关的就是"读取错误"，说成"字写得太乱，无法辨认"也许更准确些。不可思议的是，这样有时也可以接到正确的货物。问过零部件厂家的人员后才知道"贵公司的需求我们一看就知道了"。这多亏了长期合作的默契，不过还是应该将这种结果看作"偶然"。很大成分是"填写者造成的错误"。

漏填是可以另当别论的，因为有时这并不影响正常订货、接货。可是，这种订货单算不上"正式"，也没有遵守规则，它会导致"正确收货"和"错误收货"两种结果。

还有就是"代码填错"。客户代码、供应商代码、产品代码、零部件型号等，公司内部有很多代码、数字，填错的情况很多。究其原因，似乎是"没有理解代码本身"。

将瑕疵分类后，就该决定下一步着重处理哪一类了。

图 3-9　订货单中包含的错误种类

错误数量（个）　　　　　　　　　　　　　　　　（%）

类别	错误数量
书写错误	约 63
听错了	约 38
漏填	约 25
代码填错	约 18
其他	约 3

—— 累积百分比
▨ 错误数量

书写错误：
- 错字、丢字、听错、填错

听错了：
- 订货单是正确的，但是零部件名称、数量有误

代码填错：
- 代码太多！（客户代码、供应商代码、产品代码、零部件型号）

77

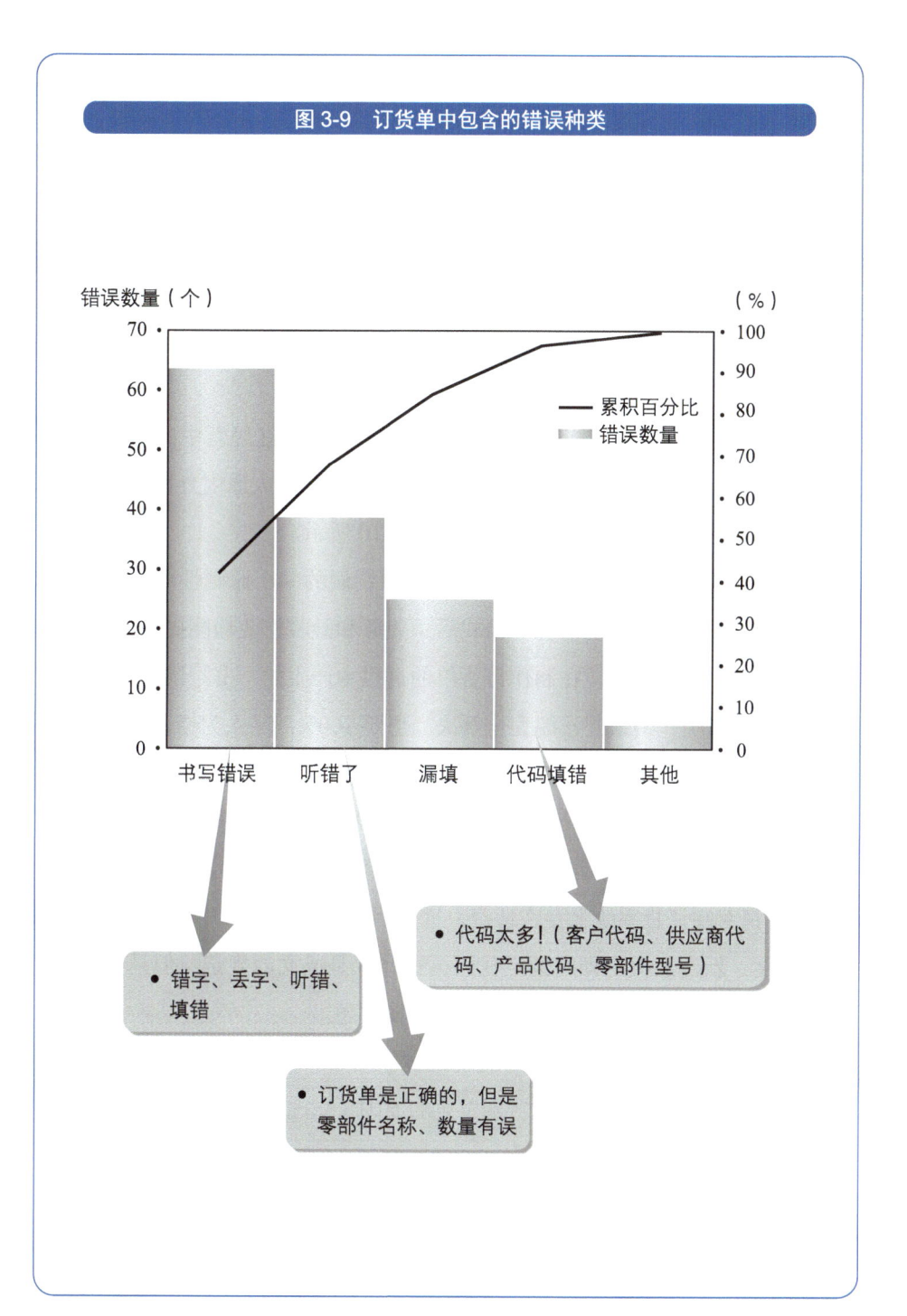

10 具有强大影响力的原因是什么

找出主要原因

引发瑕疵的原因有很多。为了减少瑕疵订货单的数量，需要逐一破解这些原因。

前面曾经讲过，六西格玛最基本的原则就是"关注经营中的重要问题，有重点地进行改革"。回顾基本点，高桥将分类后的五大原因分别想了一下改善方案后，意识到可以归为三大类，如图3-10所示。

第一，"格式不统一"。可以说这是消除错误的一个原则性项目。对于接收订货单的采购部门来说，统一格式后，业务和验收作业均能提高效率。

第二，"手写票据"。在制作订货单的过程中产生的"书写错误""漏填"等问题，单靠统一格式并不能完全解决。想要100%消除人为错误很难，不过可以采用一个减少错误的方法。

第三，"代码问题"。问题多集中于代码发生变更时及尚无代码的新产品上。显然，该原因虽然有人为的因素，然而与其说是人为失误倒不如说是ATAGO精密在订货系统上存在瑕疵。这是因为，变更代码时要贯彻公司内部沟通制度，新产品应当即时给定代码，这些都是成文的规定，但是因为公司的某些部门没有发挥相应的作用，才会引发问题。

以上我们整理出了三个产生瑕疵的过程因素。像这样从众多原因中遴选出的主要原因，六西格玛称作特别重要的原因（Vital Few）。

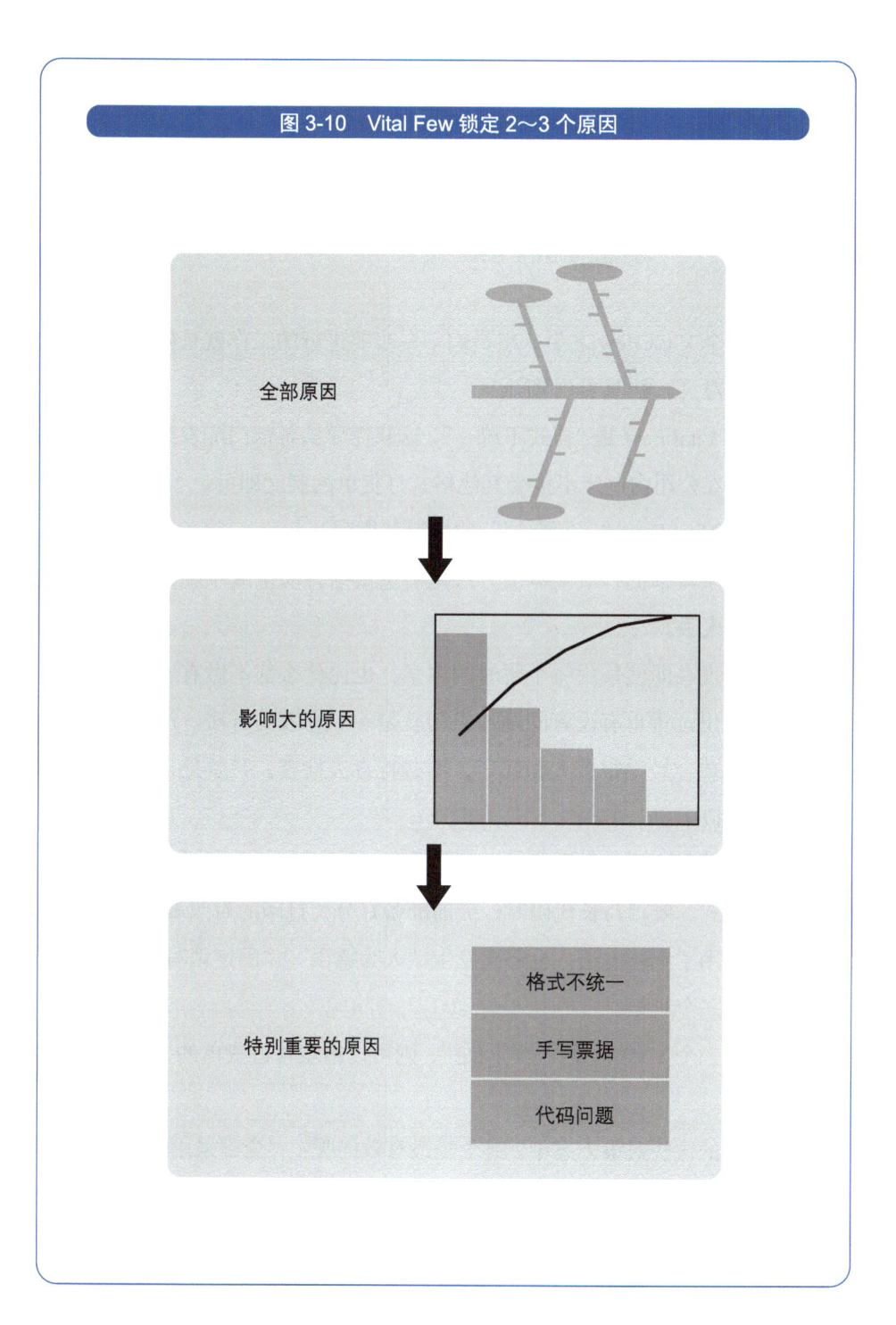

图 3-10　Vital Few 锁定 2～3 个原因

全部原因

影响大的原因

特别重要的原因

格式不统一

手写票据

代码问题

11 确定不会产生瑕疵的过程

分析 Vital Few

选出三个 Vital Few 之后，组员们下一步要进行的工作就是研究能实际应用于现场的对策，如图 3-11 所示。

第一个 Vital Few 是"格式不统一"。这只需要给各部门配发统一格式的订货单，并且在公司内制定不接受其他格式订货单的制度即可。

第二个 Vital Few "手写票据"的情况怎样呢？

要杜绝手写票据，最根本的方法是引进票据自动生成系统，这要耗费大量的投资和人手。

但是，现在即使采用一个暂时的方案，也比什么都不做有成效。建立一项可以检查出订货单有没有问题的机制就是一个有效的方法。用现在的订货系统，订货单会经手很多人和部门，不必特意去检查，只要处理好各自负责的部分就可以了。

还有一种方法是"尽量减少手写部分"。尽可能减少直接填写的地方，而用选择的方式。要填写长代码时，提前准备好分类打印的对照表。

即便采用了上述方法，也还会发生"人为错误"。"固定填写订货单的人"可以作为另一个对策。

关于第三个 Vital Few "代码问题"，则可以给填写订货单的人配发代码表并及时更新。

在提出的这些对策方案中，哪个是最有效的呢？"全部采用吧"——这样就忽略了六西格玛的精髓："重点化"。下面我们要想一想，防止瑕疵"最有效的是哪一个"。

图 3-11 改革订货单的生成系统

现象	暂时解决	持久解决
格式多种多样	统一格式	不接受其他格式
手写	采用选择方式	引进自动生成系统
写错了 人为错误	引进检查订货单系统	引进防差错系统
代码过多	配发并更新代码表	引进自动生成系统

12 选择应对方案

解决"手写订货单"的问题

不管哪种方法，如果条件发生变化，由于多种原因发生关联，其结果也会发生变化。在这个前提下，凭借感觉和经验决定哪种方法最好，是难上加难。这时有效的方法是实验设计法（Design of Experiment，DOE）。DOE 具体的实施方法将在高级篇中介绍，这里只介绍一下大概的轮廓，如图 3-12 所示。

本次 DOE 的目的是试验运用高效化。假设可以选择"实施"或"不实施"的因素有 3 个，那么试验组合就有 8 种。要想分别分析每个条件，必须做 8 次实验。DOE 可以将实验减少到最少次数，从而把握效果的倾向性。

不管是哪种条件，DOE 的结果证明，最有效的因素是"尽力消灭手写部分，统一格式"。

这个项目由"消灭产品交货期延迟"出发，最终 Vital Few 落实在"手写零部件订货单"上。

高桥制定了一份可以尽量减少手写部分的新订货单格式。日期、部门、数量，所有可能的部分都采用选择方式。

在过去出现最多缺陷订货单的采购部使用了一星期后，统计数据显示瑕疵率急剧下降，但是仍然没有降到 1%。高桥下决心要达到目标，他在全公司内推行新格式的订货单的同时，还想到了做一份填写样本。

看起来很大的改革成果，仅凭借格式变更就能实现了。

图 3-12　必须确认改革效果

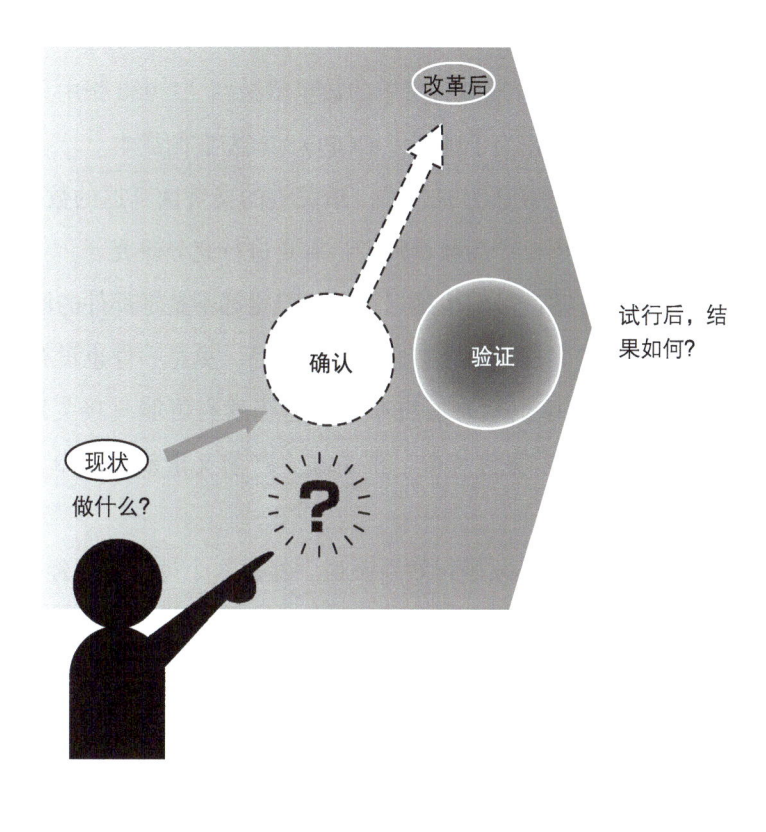

13 对于最终的改革目标有效吗

必须确认对策效果

采用新的订货单格式后已经过了几个星期了。高桥怀着一种祈祷的心情，整理分析了每天报告上来的数据。结果如何呢？

如图3-13所示，瑕疵订货单的数量骤减到"1 000张中只有8张"，完全达到了目标。同时相当于削减了COPQ 92%左右的成本。

但是，现在高兴还为时过早。最关键的交货期延迟的数据又怎样呢？和零部件订货单相比，产品数量较少，需要进行充分研究。

虽然仍有一些产品发生延迟现象，但是都不是零部件的原因。不仅如此，这段时间内由于零部件原因造成延迟的产品，更是一件也没有。

零部件订货单仍然有瑕疵存在，这当然有可能直接关系到交货期。但是，据报告，这8张订货单，都是在生产前又重新下了单，并没有给生产造成困扰。

六西格玛项目必须进行效果确认。经过这个过程，以经营者为首，所有人都能清楚看到改革到底有没有效果，明白项目本身的投入产出比。而且，这种效果是一次性的还是持续性的对于以后的项目来说也是一个重要信息。

改变零部件订货单的格式，对于交货期延迟能够产生如此效果，这是按照以往经验判断法无法想象的。对于"交货期延迟"的CTQ来说，导出公式"Vital Few=零部件订货单的质量"，是制胜的法宝。

图 3-13 达成改革目标

图① 瑕疵订货单数量

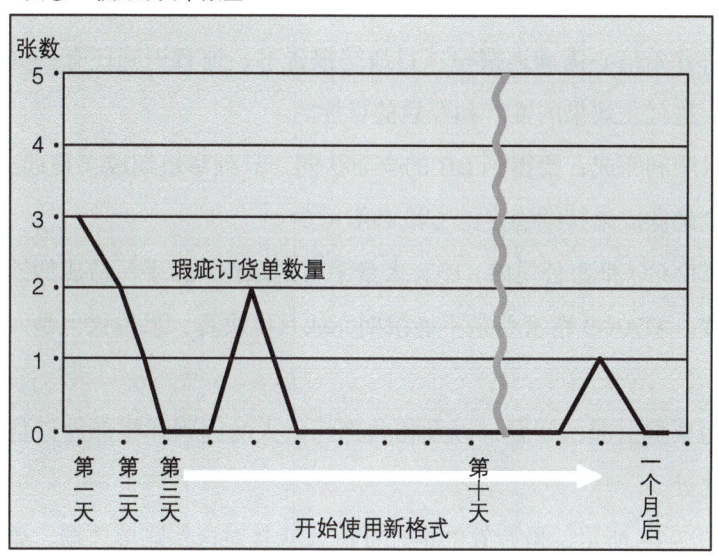

（张数图表：第一天 3 张，第二天 2 张，第三天 0 张，之后出现 2 张峰值，开始使用新格式后至第十天，一个月后出现 1 张）

图② 一个月后的效果（1 000 张中）

瑕疵订货单数量	8 张（0.8%）
书写错误	3 张
代码错误	2 张
漏填	1 张
其他	2 张

达成目标

85

14 共享项目成果

优秀的实践经验是大家的财富

高桥开始信心满满地撰写项目最终报告书，他意识到还有一些研究不足的地方。这就是效果的推广和今后的目标。

项目顺利完成，要得到 BB 的全面认同，只列举短期成果是远远不够的。想出一个确保成果持续稳定的方法必不可少。

在 ATAGO 精密公司内，还有大量手写的票据。因手写造成的缺陷票据也不在少数。ATAGO 精密总是不能按期完成月度决算，恐怕这也是一个很大的原因。

手写票据引起的问题，以及相关部门、人的因素和零部件订货单都有很多类似之处。

如图 3-14 所示，最有效的推广方法，就是对这些账单票据、单据都采用和零部件订货单一样的对策。这也是一个不需花费太多时间的方案。

然而，前面我们说到，事实上公司内部信息系统化发展缓慢。作为最根本的恒久对策，推进信息化才是企业生存发展的必需条件。在这一过程中，活用项目中得出的成果十分重要。例如，输入数据时，不是直接输入数值，而是采用菜单选择的方法，其效果已经在零部件订货单中得到了验证。

不管自动化程度多么高，不好用的方法肯定不会长久。构建一个系统，把员工的意见作为 VOC 如何？

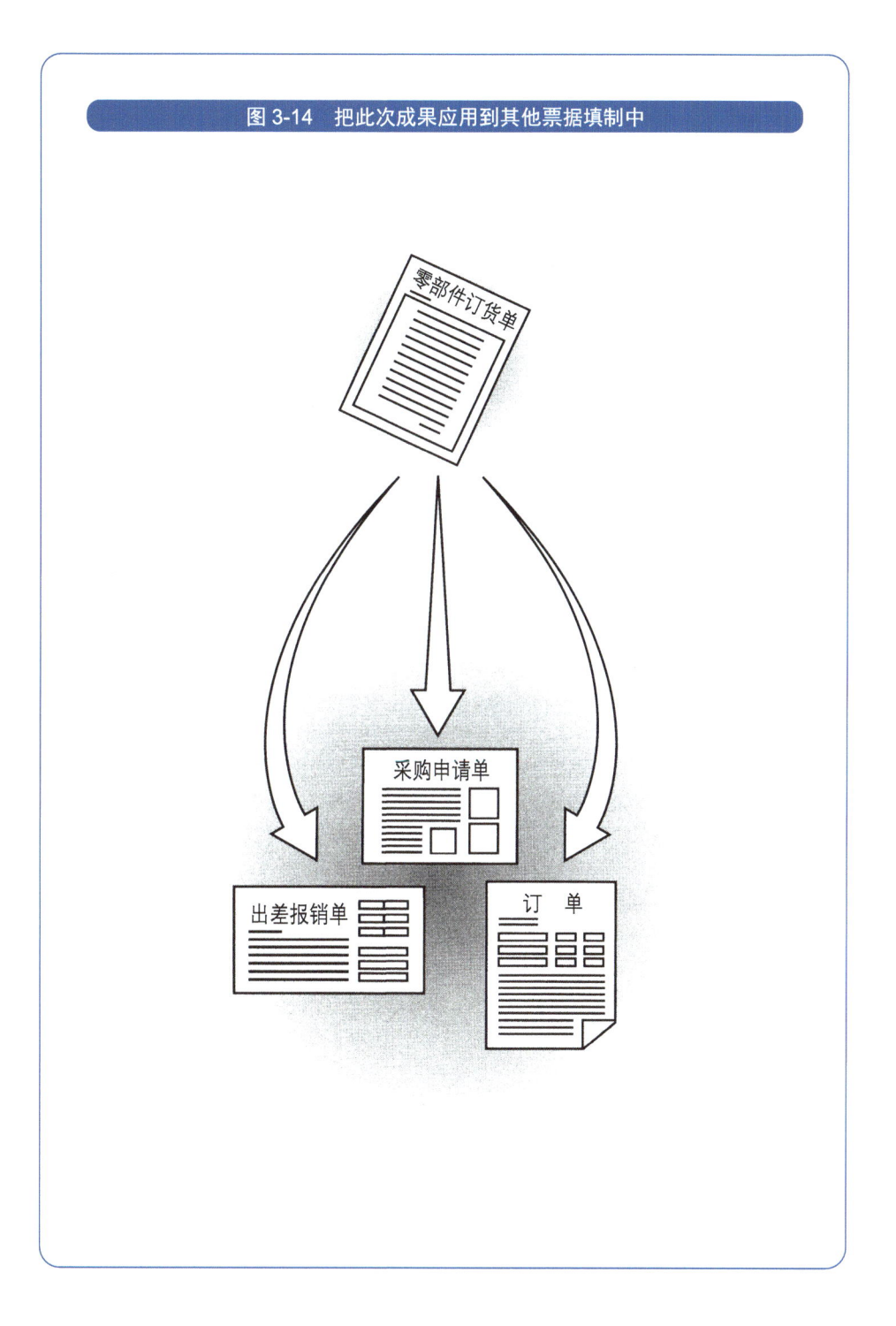

图 3-14　把此次成果应用到其他票据填制中

15 只有持续才有利益

CTQ 是项目孵化器

产品交货期延迟曾经是客户不满的根源，现在经过项目改革后，有望达到不输于其他公司的水平。瑕疵订货单数量和交货期延迟数量也建立起了公司内查询体制。此外，订单和出差报销单等也开始活用本次成果，ATAGO 精密的 COPQ 削减一定会取得更好的效果。

维持一时的效果容易，要想长期保持、提高就得开动脑筋了。

遗憾地说，不管什么改革，想一次就做到完美是不可能的。只要企业经营、商业活动不停止，改革活动就应该永远坚持下去。

公司内设定 CTQ 有重要意义。因为它起到有效产生项目，即孵化器的作用。例如，它也着眼于零部件订货单以外的项目，如图 3-15 所示。

过程改革可能会引起意想不到的新问题。客户和市场环境并不是一成不变的，也不存在永远的 CTQ。

在六西格玛中，是否能准确地设定好 CTQ，关系到将来的成功与否。

现在回到 ATAGO 精密。通过这个项目，高桥名声大作，现在正式成为 BB，开始进行第三个项目了。最初在标杆管理中抱头苦恼的客户咨询室主任，现在变身为给客户讲解六西格玛的"传教士"了。

ATAGO 精密的六西格玛活动正在全公司顺利开展。

图 3-15　改革不断衍生

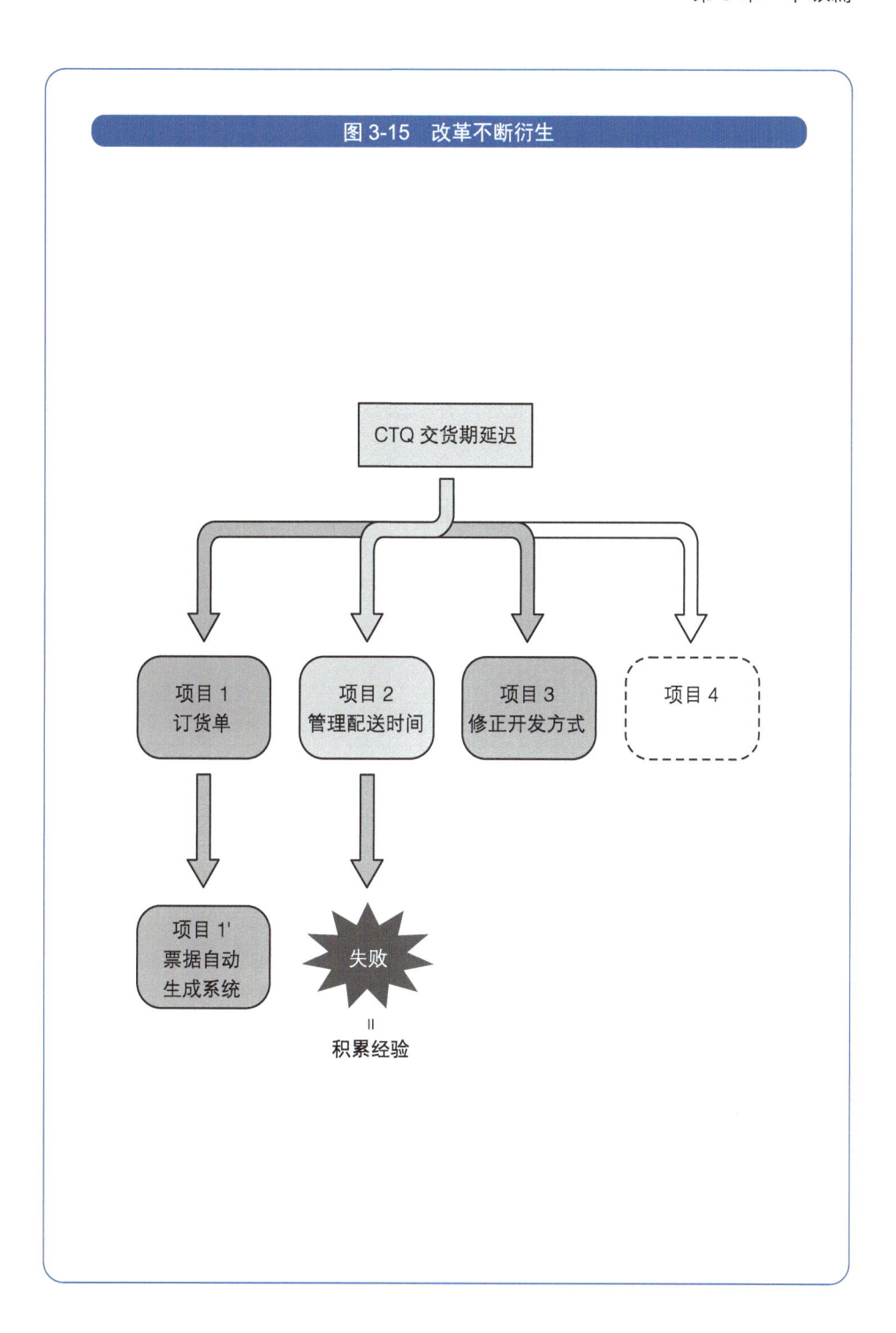

CTQ 交货期延迟

- 项目 1　订货单
- 项目 2　管理配送时间
- 项目 3　修正开发方式
- 项目 4

项目 1'　票据自动生成系统

失败
＝
积累经验

第3章注释

[1] CS（Customer Satisfaction）

客户满意度。一般用数据来表示客户实际满意程度。

[2] 标杆管理

通过客观标准，与竞争企业进行各项指标比较。（参考第4章）

[3] 瑕疵（缺陷）

在六西格玛中，专指发现问题或不合格项。需要定期进行检测。

第 4 章
高级篇

打造一家盈利多多的店

在此之前我们选取的都是身边例子，在高级篇中将会加入更加商业化的内容。实际工作中怎样应用六西格玛来处理问题，我们将通过虚构企业 KinKon's 提高业绩的项目进行说明。

01 提高公司业绩

单纯削减 COPQ 并不是好办法

一说到六西格玛，大家就会很自然地关注 COPQ 削减之类的。不要再愁眉苦脸地思考了，自由发挥想象会更出色。这里我们要介绍一个积极响应目标的事例。

如图 4-1 所示，简易桌面出版（Desk Top Publishing，DTP），即街头印刷店 KinKon's 采用加盟方式（FC）以市区为中心开了 50 家店铺，是一家急速发展的中坚服务企业，以其服务内容简明合理、价格统一稳步发展至今。

在 KinKon's 总部，社长召开的经营会议正在热烈讨论本期经营方针。这些管理人员虽然人数不多，但都是善于思考、勇于创新的精英，获得了提倡"快速经营"[1]的社长的全权信任。

悄悄过去看一看。

社长："一直以来在大家的支持下取得了一些成绩，现在由于竞争加剧、服务内容充实度不足等问题使情况越来越严峻。今后我们将朝着哪个方向发展，大家有什么好的提议吗？"

营业部长："我认为客户的意见仍然是关键。我们进行了一次突击调查[2]，请大家看一下结果。"

事业部长："为什么没通过加盟店主来做调查呢？"

营业部长："让加盟店主来做，有可能会过滤掉一些对自己不利的结果。不过本次调查实施前和他们打过招呼。"

到底营业部长说的顾客调查是什么内容呢？

图 4-1 将客户需求纳入经营

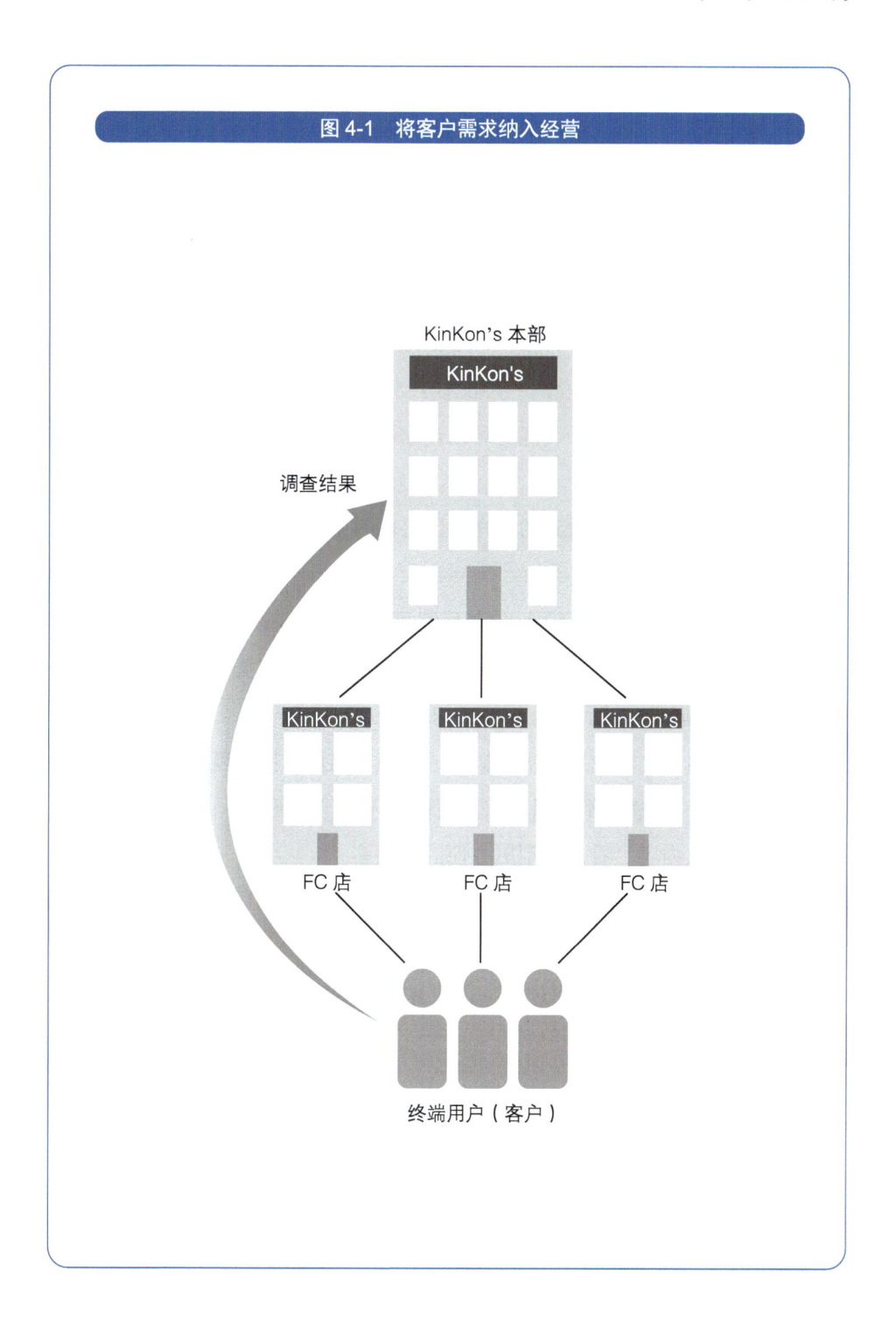

KinKon's 本部

调查结果

KinKon's　KinKon's　KinKon's

FC 店　　FC 店　　FC 店

终端用户（客户）

02 首先是客户需求

畅所欲言 VOC

营业部长带来的这份调查结果,是在每家店铺询问 10 名顾客同样的内容,然后记录下来的。也就是说,一共收集了 500 份数据。

调查中的问题是:"什么优势可以让您再次选择我们店?"结果如图 4-2 所示。

营业部长:"像大家看到的一样,回答内容多种多样,可以说五花八门,称得上是意见宝库。"

专务:"虽然表达方法不同,但是最终可以概括为快速、便宜和方便三点。"

营业部长:"我也是这么认为的。于是分成了上述三类和其他共四类。"

接下来营业部长展示的是图 4-2 中的柏拉图。

营业部长:"这样看来的确能概括成三点。希望'附近就有'的愿望,列入'方便'和'快速'都可以,这里我们列入了'方便'。"

社长:"从内容上看,希望更方便的人最多。"

营业部长:"确实如此。而且,从结果中我们还知道近 7 成顾客都是附近的企业用户。"

总算看到些方向了。不过,如果只是这样知道个大概,说成是经营方针为时尚早。

图 4-2 用柏拉图集中体现 VOC

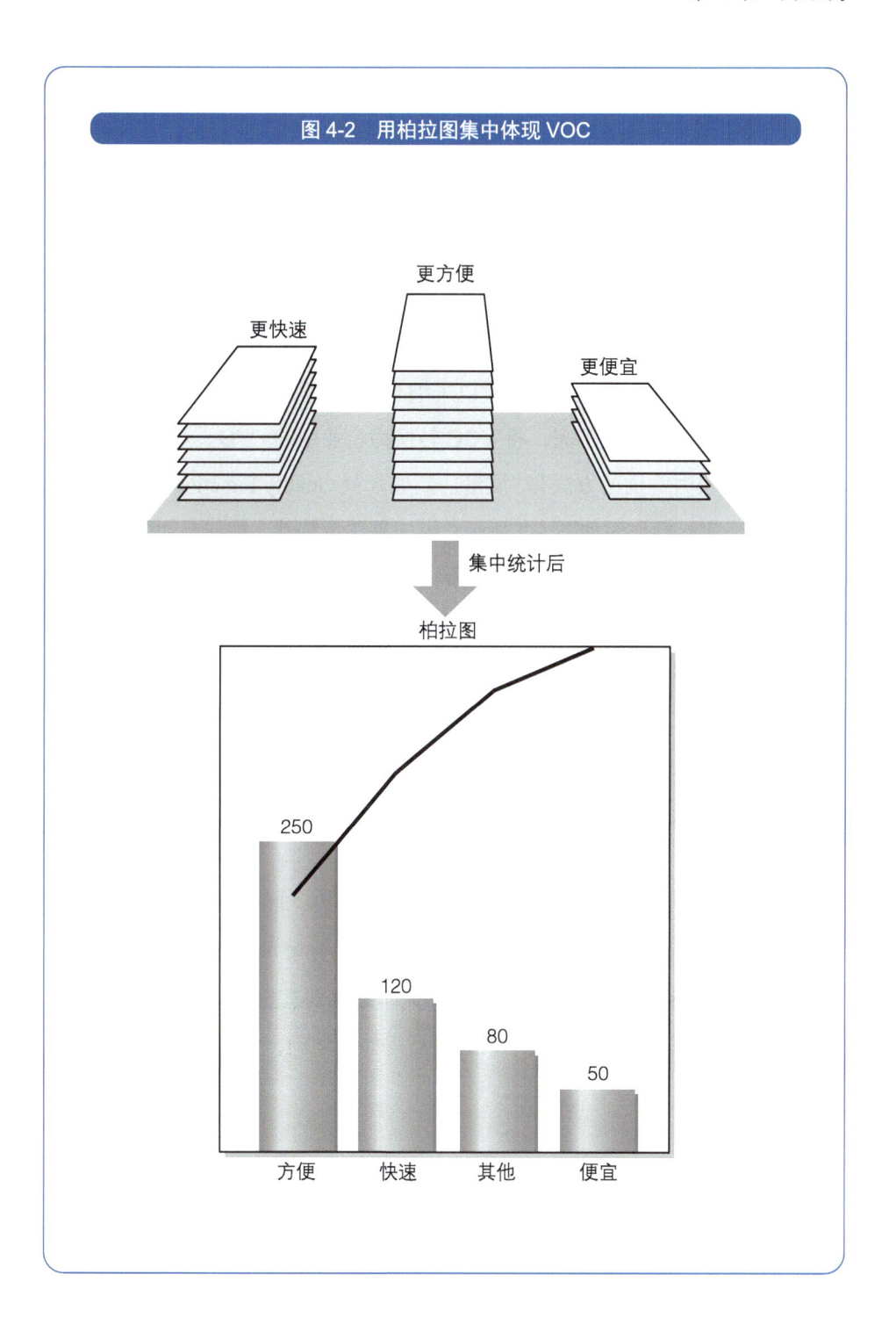

03 对公司来说，客户需求是什么

将 VOC 置换为 CTQ

VOC 是客户的真实需求，对企业来说应该是商业活动的根源。然而不管如何详细说明，仅凭这种方式就予以采纳有点勉为其难。

那么让我们再花点工夫，将 VOC 转换为企业用的 CTQ。

进行转换时常用的方法有"质量功能展开"（Quality Function Deployment，QFD）表。实际操作时如图 4-3 所示，纵向是质量特性，横向是功能特性。六西格玛中 QFD 的基本构成一般是质量特性为 VOC、功能特性为 CTQ。

QFD 别名"质量屋"（House of Quality），在实现需求转换时考虑各种参数，促进选择客观性。

现在马上把 KinKon's 的情况填入表中。

在质量特性一栏中，填入客户需求、客户愿望等。这里先写刚才有代表性的三点，便于说明。实际应用 QFD 时，要列举出更细致的质量特性，以便表示得更明确。

功能特性一栏中，罗列出实现需求所需的手段、部门等。QFD 的目的是提炼 CTQ，即设定经营方针。这里只列举可作为候补项的五点内容。

这些质量特性和功能特性，不能仅凭印象或固有想法来罗列，而是每一项都有事实依据的内容。现实中未必进行得如此顺利，请反复衡量后再填。

图 4-3　QFD 的基本格式

		企业内 CTQ					
VOC	权重	服务内容多样化	开店势头	改善核算性	对应高速化	挑战低价
方便						
快速						
便宜						
合计						

04 哪个作为经营方针

归纳 CTQ

简单的 QFD 框架已经完成了。接下来如何得出 CTQ 呢？

现在在 QFD 表中填入实际数值。如图 4-4 所示，关系最密切的项目是 9，其次是 3，关系不大的是 1。当然不是每一栏都需要填，也不排斥主观判断。不用分数而采用◎、○、△也可以，不过用分数表示可以更清晰。

还有一项要填的就是质量特性右边"权重"一栏。这里要填入每项调查结果的件数。

填完后，在合计栏内算出每项质量特性和功能特性的分数。需要注意的是，先和调查回答件数权重相乘后再求和。

我们来看一下结果。

由于本次调查件数较多，QFD 合计分数也比较大。遇到这种情况，缩小权重的一位小数也可以。最终"服务内容多样化"被选为 CTQ。

不可不提的一个重要地方是，落选的其他功能特性也能作为 CTQ。有时排列优先顺位时只取第一位，有精力的话同时选两项更好。分数很接近时，用可实现度等其他观点讨论也十分有效。

有时 QFD 本身即可作为分类项，不过需要附加其他评价项的情况也不少见，应根据不同情况分别应对。

图 4-4 在 QFD 内填入数值

VOC	权重	服务内容多样化	开店势头	改善核算性	对应高速化	挑战低价
方便	250	9	3		1	1
快速	120	3	3		9	
便宜	50	1	1	3		9
合计		2 660	800	150	1 330	700

企业内 CTQ

250×9+120×3+50×1=2 660

05 这是老板的命令

一定要赚钱

运用 QFD 进行研究后，KinKon's 当前经营方针看来是落到"服务内容多样化"上，不过最后社长又说了一句话。

社长："经营方针暂时定下来了，可是如果做不赚钱的买卖，企业就失去了存在的意义。当然应该优先考虑为客户寻求便利，只是这一点还希望大家再确认一下。"

这些经营管理者们心想"又来了"。总务部长马上回答了社长。

总务部长："知道了，社长。我们马上研究本次课题的收益性指标。"

社长导入六西格玛后，希望能做到兼备决策力和周密性。且不说企业能发展到什么程度，经营的主体地位不容忽视。这个主体能优先到什么地步，就是接下来要谈的课题。

加盟商主要根据本人判断来进行运营，即使采取上行下效的管理方法，不合理或者是一厢情愿的要求都行不通。

KinKon's 社长的一句话，道出了"盈利"和六西格玛的本质是一致的，如图 4-5 所示。企业活动不是救济员工的福利事业。面对这个严峻的问题，需要对六西格玛进行二次认识。

图 4-5 赚钱是本质

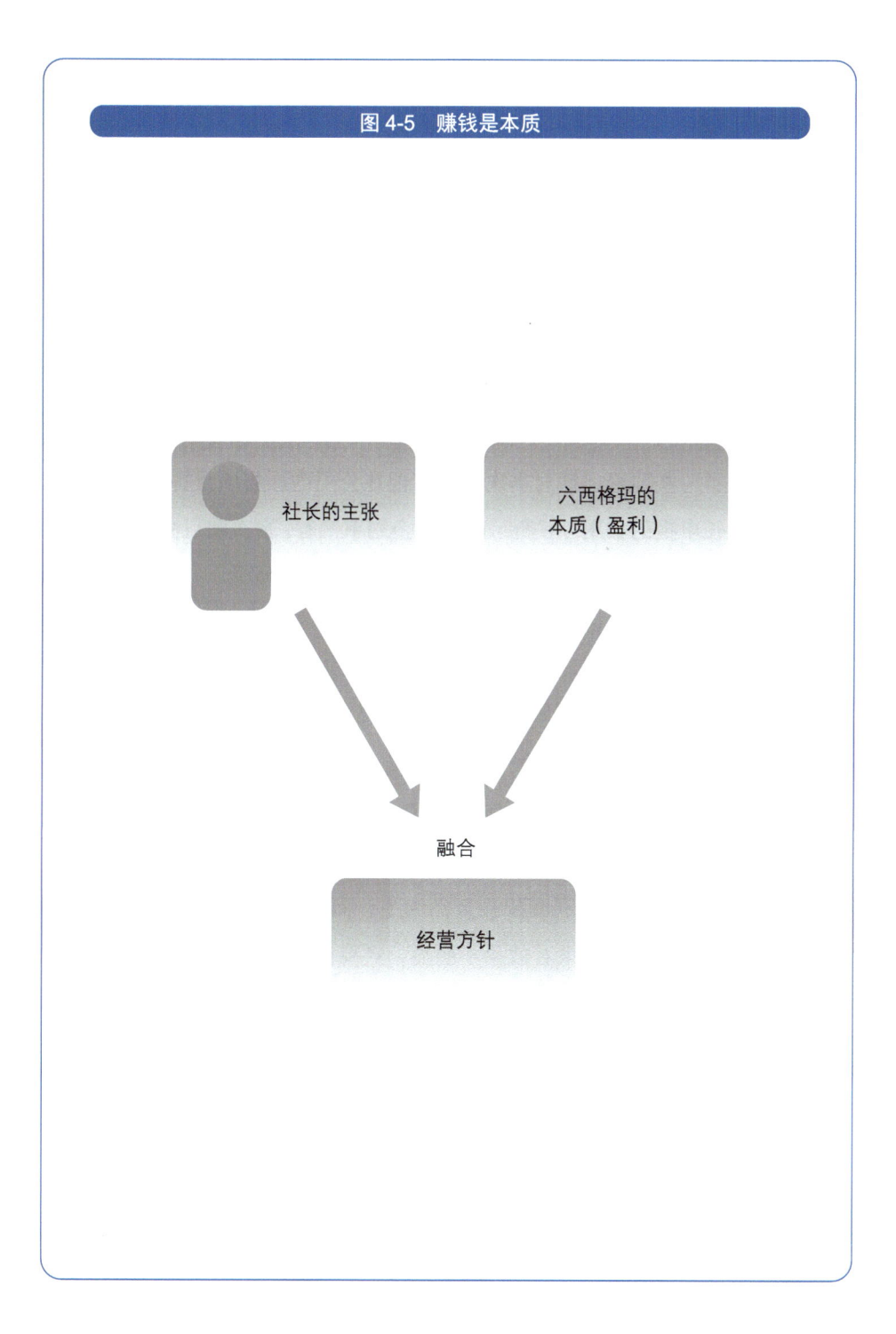

社长的主张

六西格玛的本质（盈利）

融合

经营方针

06 开始进行公司内项目

六西格玛活动拉开帷幕

KinKon's 经营方针确定为"服务内容多样化"。

还要再提一句，KinKon's 公司在一年前导入六西格玛，从外部招聘了一位有经验的黑带大师（MBB），任命为六西格玛负责人。作为倡导者，总务部长已经实施了一些项目，针对本次方针，他在公司内征集项目提案。

从向社长申报的如图 4-6 所示的项目企划单来看，本次项目由事业科长担任绿带（GB），课题名为"多样化的具体项目决策与验证"。

根据企划单，活动成员由相关部门 5 人组成，活动持续 6 个月，预测所需费用为 400 万日元，第一年预计实现利润 800 万日元。

类似的企划单通常在项目启动时，由倡导者或黑带作为提案书交给黑带大师、社长（也称为高级倡导者）。按照所写内容进行活动，先要通过决议[3]。提案数少的话，平台也能处理，不过为了应用于系统，需要每月召开两次定期研究会议。

所采用的判断基准以利润预测金额为主，而且必须在某种程度上明确计算方法。当然，如果当时来看效果不明显，还要决定是继续进行还是停止。

图 4-6 项目企划单的格式

项目名：多样化的具体项目决策与验证	
成员：GB：事业科长	
活动期间：1999/6—1999/12	预算（利润/经费）800万/400万日元
改善前 Z=0.4	改善后 Z=3.0
1. 做什么？	
2. Y是什么？	
3. 取得什么成果？	
4. 对（Y）的影响？	
5. 其他可预见的成果？	
签字栏 经营者　　　　MBB　　　　　BB　　　　　组员	

07 阶段性总结 1

确定活动方针

顺利通过决议后，KinKon's 的 GB 项目活动正式拉开帷幕。

作为 GB 的事业科长松坂是负责人，为了召开项目初次会议，同时也可以和大家熟悉起来，他开始进行日程安排。其初次会议流程如图 4-7 所示。

初次会议计划一小时左右，主要议题是介绍小组成员，说明项目主旨，调整日程安排。如果组员中新手较多，还要兼顾他们的教育时间。虽说有六个月，有时也很难按期完成，特别是还要和日常工作进行协调。这些都需要负责人和倡导者仔细商量。

总之，如果没有组员们的理解和协助，项目就不会取得成功。负责人要根据组员各自的优势合理安排工作。

而且，无论是挑选组员的一方还是被选择的一方，都应该有一种负责的意识来参加项目，这就是成功的关键。

到这里决定活动方针的流程就讲完了，需要特别注意的有以下几点。

① 从客户需求中选出 CTQ。
② 在选定 CTQ 时，需要对数据中隐藏的内容进行研究、客观判断。
③ 选定项目最重要的因素是预测利润金额。

图 4-7 初次会议流程

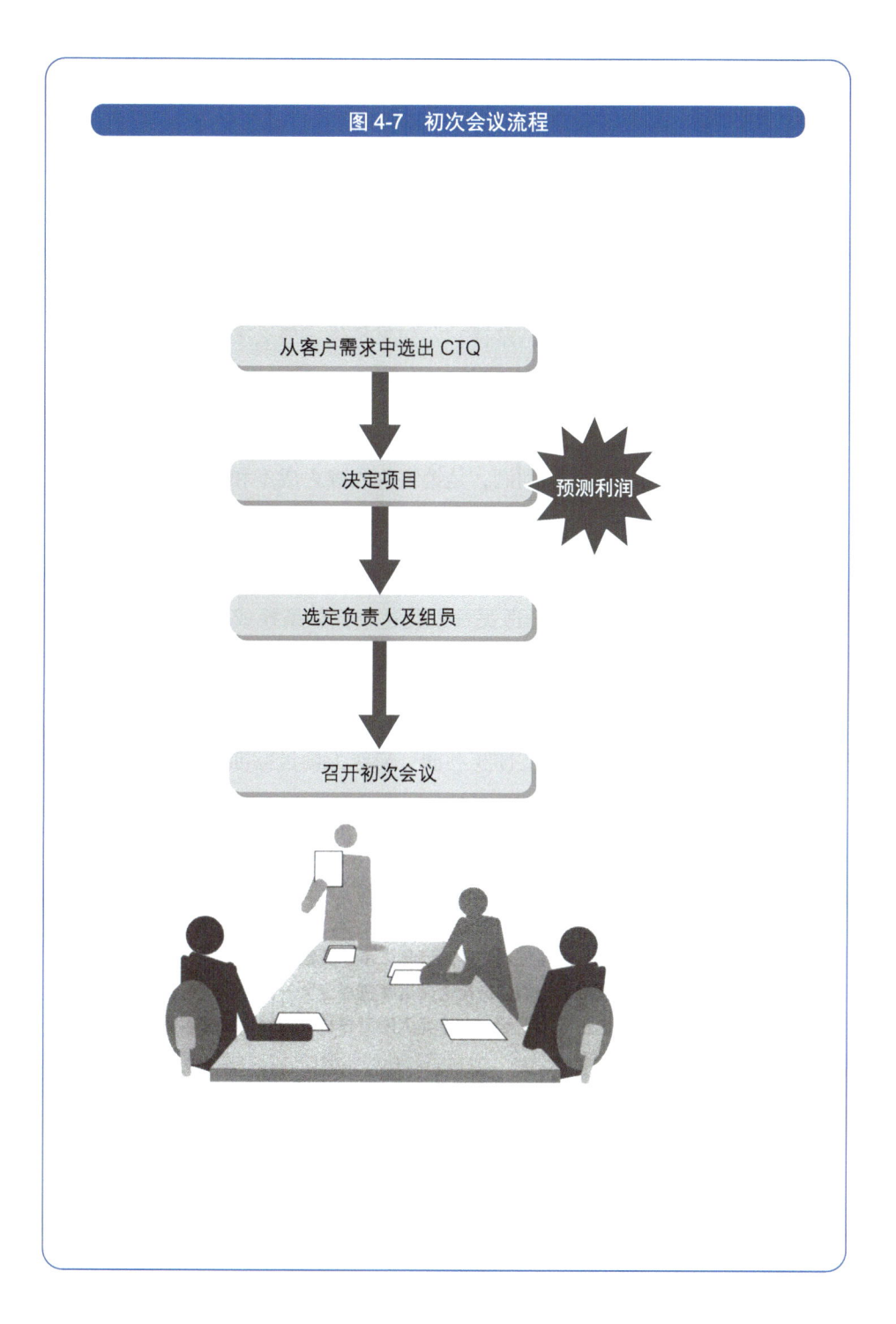

从客户需求中选出 CTQ
↓
决定项目 — 预测利润
↓
选定负责人及组员
↓
召开初次会议

105

08 赚钱情况如何得知

设定尺度（衡量标准）

"自己的店现在是赚钱还是赔钱？"如果是你，怎么来判断呢？

年度销售收入、营业利润、ROA（总资产利润率）等，衡量盈利情况的标准有很多种。

想得简单一些，赚的钱=利润，是销售收入减去成本和其他各项经费后的剩余部分。也可以直接比较利润，但是这个金额多少受销售收入规模影响，不一定能反映出赚钱情况，即店铺的盈利能力。

那么，哪种衡量标准更合适呢？说起这个，如果换成如"每位员工创造的利润"或"每平方米店铺面积折合的利润"这类规格化标准，就能清晰了解店铺的赚钱情况了，如图4-8所示。

因为KinKon's一直沿用"面积利润"来作为衡量标准，我们也将继续采用。即便只有一层楼的商店，至少也有放设备的空间和柜台等，所以可以说这种方法比较妥当。

另外，采用一直使用的数据，更容易收集比较有用的各类数据，也可以预测出时间、环境带来的影响。

更何况选用这个标准，如果生意变成快餐店或卖盒饭的，只要能找到数据，也可以相互比较。

在六西格玛中，像这样设定具体的目标值，以便能和其他公司进行比较的衡量标准十分重要。如果一时找不到合适的标准，可采用调查、官能试验[4]等方法，从二值数据（如yes/no、on/off等）中得到的信息来进行研究。

图 4-8　设定通用尺度

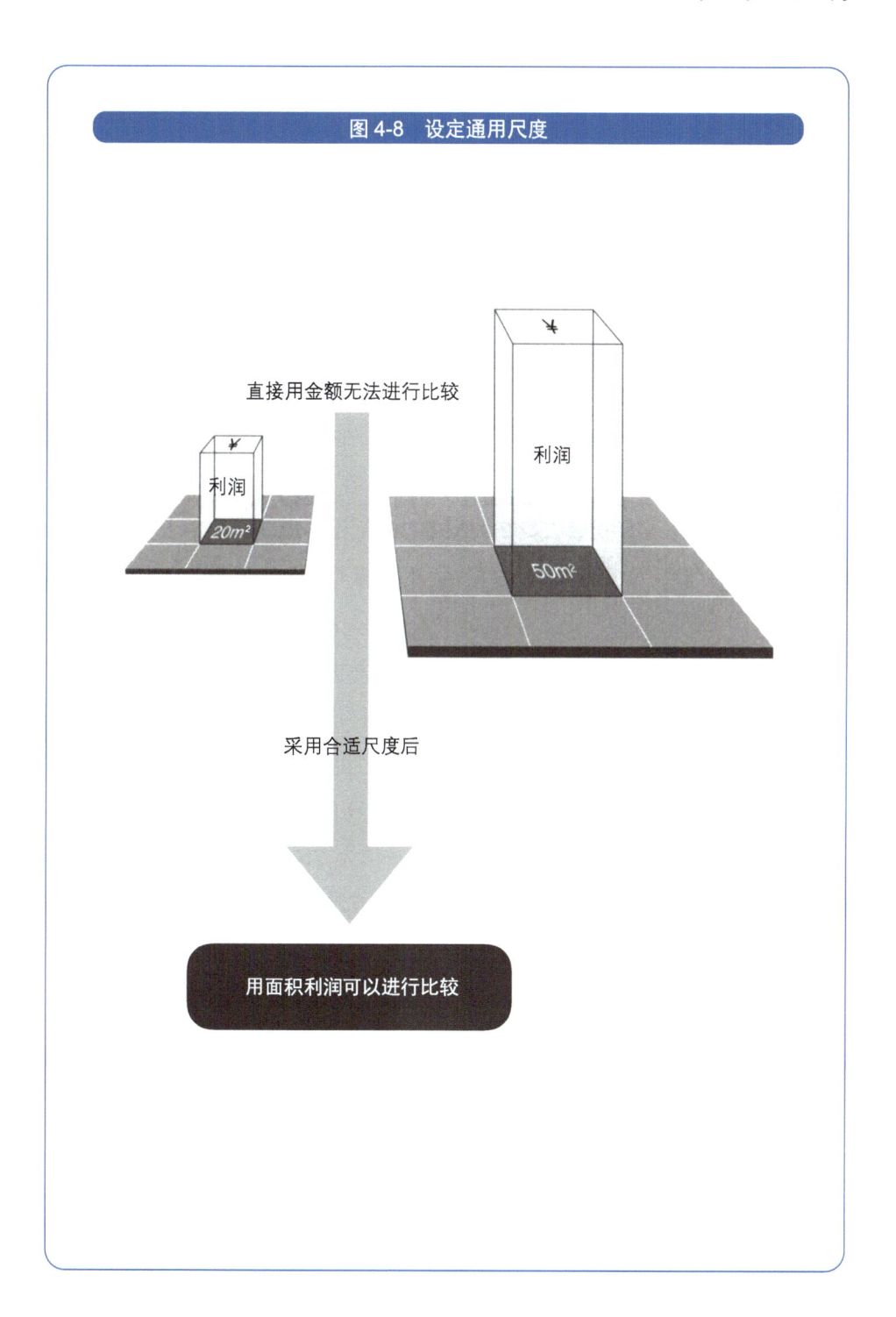

直接用金额无法进行比较

利润

20m²

利润

50m²

采用合适尺度后

用面积利润可以进行比较

09 现在店铺情况如何

收集数据，了解分布情况

因为 KinKon's 采用"面积利润"作为衡量利润的标准，松井去财务部要来了过去一年每家店铺的财务数据。

然而，在厚厚的账册、庞大的数字面前，他苦恼不堪，只好拜托财务部通过他们计算用的软件，把数据存到光盘里，在自己的笔记本电脑上浏览。

所幸 KinKon's 科长级人员每人配备一台笔记本电脑，携带十分方便。在这台电脑中，除了常用的办公软件外，还安装了六西格玛活动必须用到的统计工具。

把数据导入这个只学习过用法还从未实践过的统计工具中，数据马上被图表化，同时还带有一些其他内容，如平均值与标准差等。

首先，从每家店铺的数据中，各店平均月度销售收入、平均月度营业利润及面积利润都用柱状图表示出来了，如图 4-9 所示。

从图中得知，各店铺的月度销售收入平均为 250 万日元，月度营业利润平均为 75 万日元，其中作为衡量标准，每平方米店铺面积折合的利润大约为 2 万日元。当然，在脑海中必须有这种观点：正如图 4-9 所示，店铺之间也存在差异，每家店铺的账面往来都没有经过修饰，而是客观处理的。

使用这类计算软件及统计工具，数据分布情况就一目了然了。

请记住，"Say it with a picture！"（用图表来说话！）是六西格玛活动的口号之一。

图 4-9 用柱状图表示数据分布

	销售收入	营业利润	面积利润
平均	245.8 万日元	74.8 万日元	20 620 日元
标准差	78 万日元	24 万日元	4 356 日元

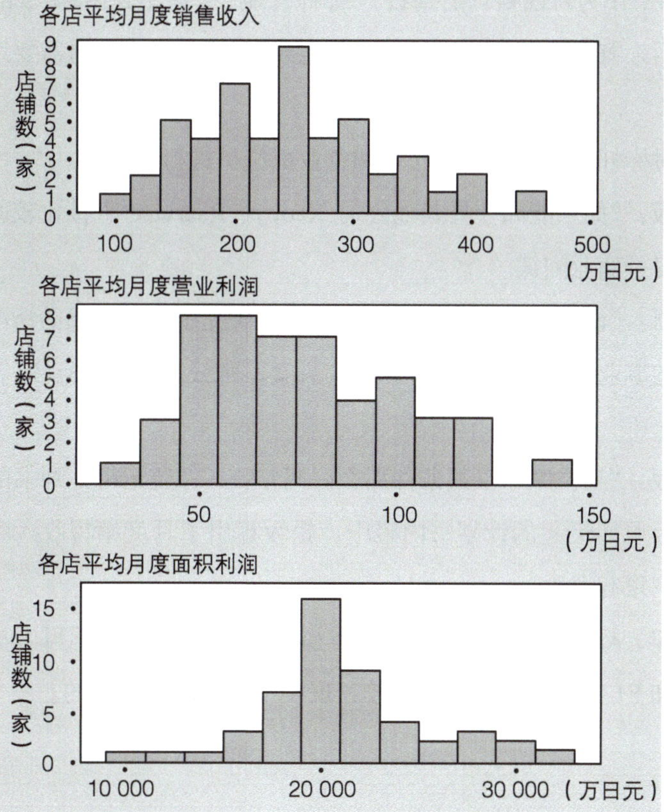

各店平均月度销售收入

各店平均月度营业利润

各店平均月度面积利润

10 同一尺度具有可比性

和摩斯汉堡比较盈利能力

对 KinKon's 的收益性指标有了大概了解后，到底 KinKon's 是不是在赚钱，"赚更多的钱"的目标定在何处比较好，已经成为当务之急。

现在，作为六西格玛的基石，"标杆管理"方法正式出场。如图 4-10 所示，用一句话来概括标杆管理，就是"和他人比较"，在比较时需要用同一基准或准则。

针对标杆管理的做法，松坂和营业部组员进行了商谈。

松坂："如果能和业界其他公司 Xcopy、Rservice 直接比较就好了，可是又不能安排商业间谍。"

上原："说到比较，我们的一个加盟商研究了摩斯汉堡的情况，最近给我看了他的事业计划书，他说'你们的买卖不赚钱，我要转行了'，现在已经不干了。"

松坂："咦？摩斯汉堡条件那么好吗？——你还记得计划书的内容吗？"

从上原回忆起的计划书内容中，松坂算出了月度销售收入和面积利润。这看起来很有意思。

确实，标杆管理比较的对象不一定非得是业界同行不可。比如将飞机整备业务和 F1 的维修作业进行比较，现实中也是可能发生的。

图 4-10　六西格玛式标杆管理

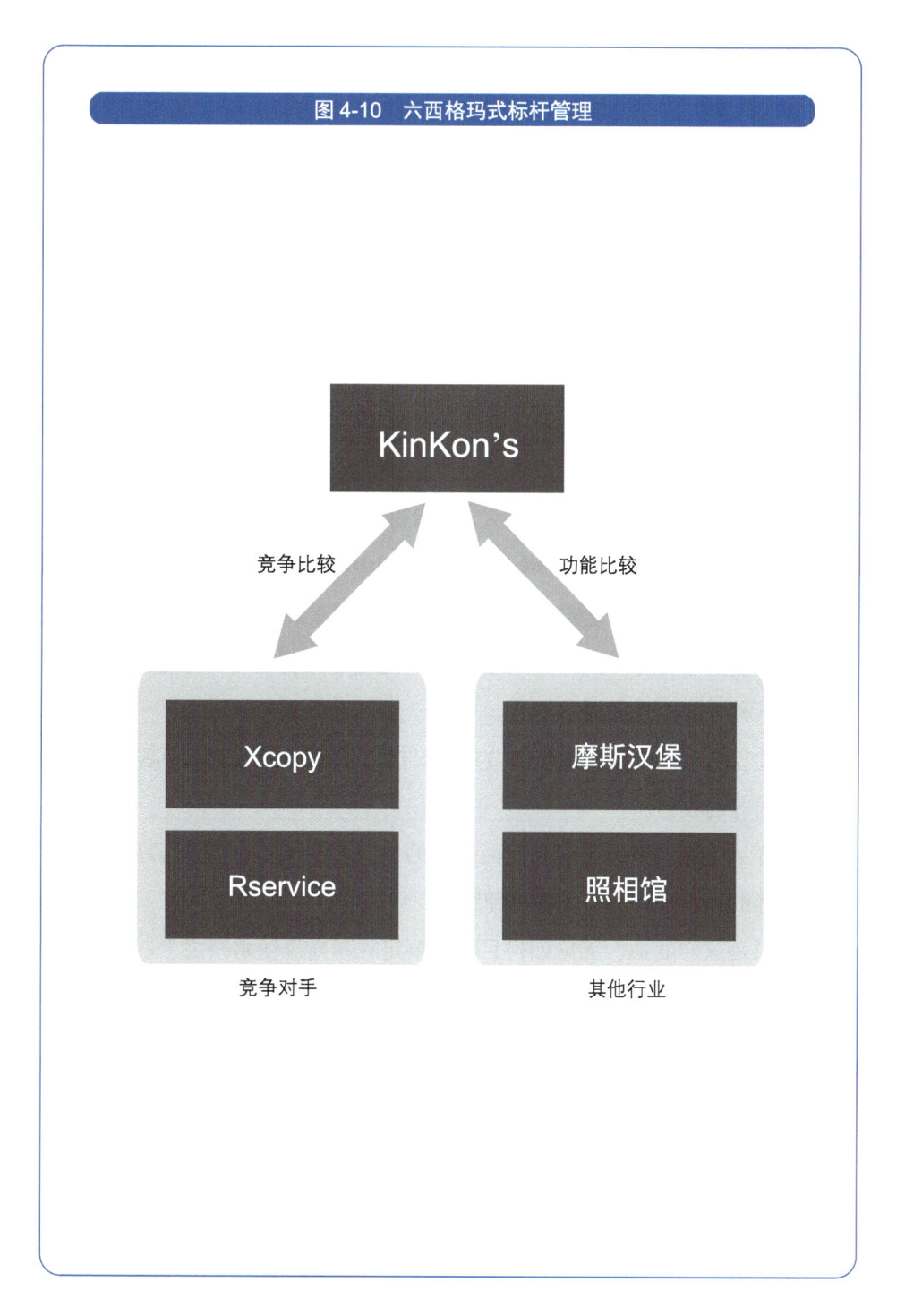

KinKon's

竞争比较　　　功能比较

Xcopy

Rservice

摩斯汉堡

照相馆

竞争对手　　　其他行业

11 决定目标定在何处

设定收益性的目标值

松坂研究了进行标杆管理的方法。当然比较收益性的尺度使用的是"每平方米店铺面积折合的利润"。

根据摩斯汉堡的推测数据，在同样经营条件下，其面积利润达到 3 万日元，是 KinKon's 的 1.5 倍。当然，KinKon's 中也有业绩优于摩斯汉堡的店铺。

根据这些结果，我们来分析一下具体要达到的目标。

如图 4-11 所示，六西格玛式的标杆管理中，如果把现在的能力看成底线的话，其中的优良店铺能实现的能力就是"安打"（棒球及垒球中的名词，是比赛中最重要的得分方式。——编者注）。这也意味着仅凭模仿优良店铺的优点，在某种程度上也能提高基准。

在此仅假定 10 家优良店铺做到"安打"。即便这样也还远远没有达到摩斯汉堡同等的收益。

这样下去可能就会出现和前面讲到的加盟商一样，想更换门庭的店主。因为同样的经营条件，卖汉堡更赚钱。

如果是这样的话，无论如何目标也要定在摩斯汉堡水平之上。这种实现更高水平的状态叫作"世界级"。通常，公司内部不进行改革是很难达到这个水平的。

这种改革本身就是六西格玛活动。

面积利润的具体目标值是 3 万日元，即目标较现在提高 50%。

图 4-11 目标——世界级

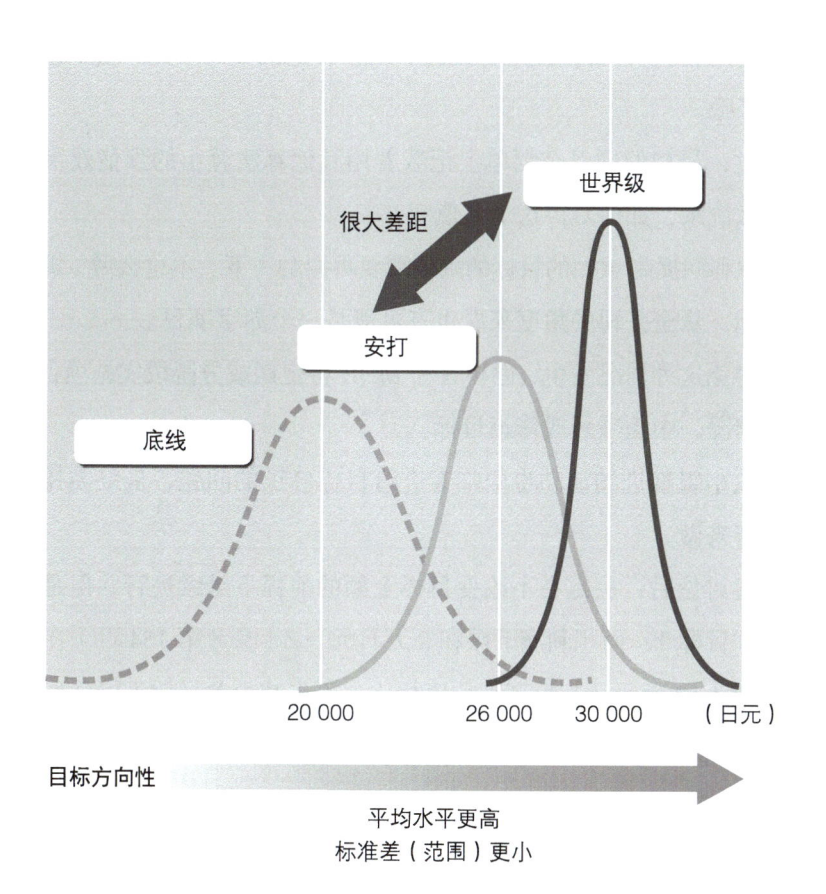

世界级

很大差距

安打

底线

20 000　　26 000　30 000　（日元）

目标方向性

平均水平更高
标准差（范围）更小

12 再一次确认目标

回顾实施阶段

之前已经反复强调过，提高收益性相当于 Y。尺度规定为"每平方米店铺面积折合的利润"，目标设定为提高 50%，即达到 3 万日元。整个流程大家已经了解了吧。

不过，最初的项目企划单上记载着用其他算法算出的预估效果金额和经费。这么说来，如何对待这个差值呢？

面积利润提高 50% 的目标的确还需要再斟酌一下。不这么做，即使最后达到了目标，从全公司的角度来看也有可能是一个赤字项目。

为避免这种情况发生，倡导者和 MBB 将定期或分阶段实施项目回顾。根据不同情况，中止项目或修正目标。

松坂小组推进的活动也面临着进行目标修正的问题，最终委托给倡导者或经营者来做。

经过讨论后，决定在不改变目标金额的前提下继续进行，但是规定了具体内容"目标 Y：面积利润下限在 2 万日元，Z（参考第 154 页）在 3 以上"。

如图 4-12 所示，与提高平均值相比，不先减少差异就不能达到目标。

所以，为实现目标，就必须研究具体方法"服务内容多样化"。

图 4-12 目标的统计性表现方式

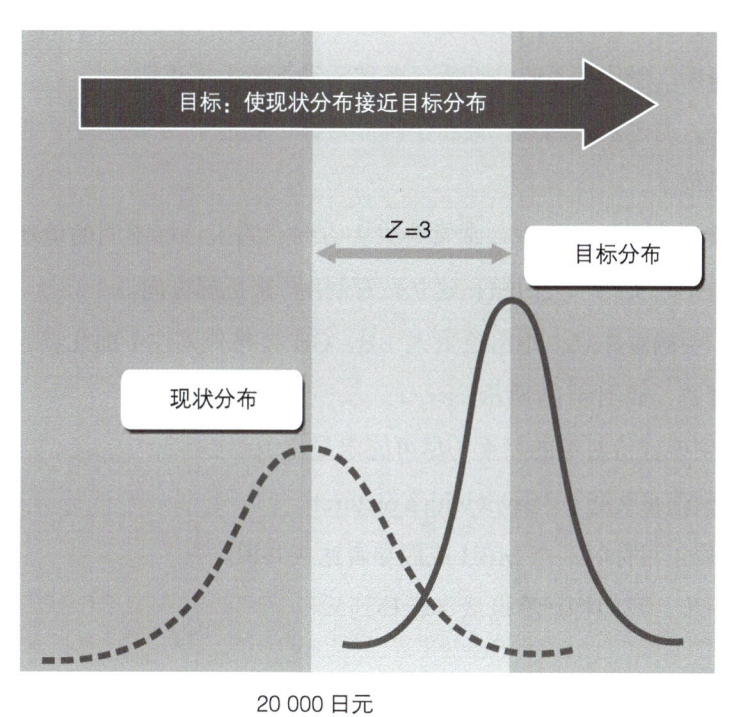

目标：使现状分布接近目标分布

$Z=3$

目标分布

现状分布

20 000 日元

下限值

13 阶段性总结 2

明确着眼点

从项目开始到现在已经过了一个月了。

评价收益性的具体尺度设定为"每平方米店铺面积折合的利润",并按此尺度与摩斯汉堡比较了收益性等,各项活动都走上了正轨。

另外,通过阶段回顾,修正了具体目标,规定了 Z 的大小,越来越有六西格玛风范了。

在推进项目的过程中,常常会失去方向,陷入目标不明的境地,因此,需要通过不断实施阶段回顾和建立教育制度[5]来把握方向。

为了明确着眼点,小组负责人 BB、GB 要格外关注下面几点,同时取得组员的理解,如图 4-13 所示。

① 明确评价对象的尺度(尽可能定量化)。

② 数值可视化。"Say it with a picture!"

③ 修正目标时,与 MBB 或倡导者达成共识。

下一步,我们将把重点从 Y 转移到 x。

图 4-13　明确着眼点

可视化

评价尺度

达成共识

14 想赚钱的必要条件

列举因素 x

负责人松坂召集组员们，一起梳理影响店铺收益性的因素 x。

小组成员都是从营业、技术企划部门选出的有实际经验的人，其中包括一个进公司两年的业务部员工藤原。这是她第一次进行项目活动，也是因为 KinKon's 的人才培养方针规定，"进公司后三年内至少参加一次项目活动"。

作为梳理因素的方法，松坂让大家进行头脑风暴活动，列举出各种因素。利用 30 分钟时间，将每人提前想好的内容全部罗列出来。

头脑风暴最后一共列举了 40 多种因素。从具体的服务内容到天气、广告宣传方法，写出了所有能想到的因素。接下来，组员们通过因果图（别名鱼骨图）进行系统整理。

占据因果图大骨的因素有 4M，即 Man（人）、Machine（设备）、Material（材料）、Method（方法），再加上环境，共 5 项，在上面填入各项小骨。

头脑风暴和因果图多用于整理因素和质量特性的关系、统一组员意见。在得出的因果图前，大家一起研究各项因素对质量特性的影响度。这时藤原不经意地讲了一段她的体会："新员工实习时，我在虎门店。旁边因为有一家便利店，所以顺道来的客人特别多。"不用说，这条原因马上被加在环境一支上。最后完成了如图 4-14 所示的因果图。

第 4 章 高级篇

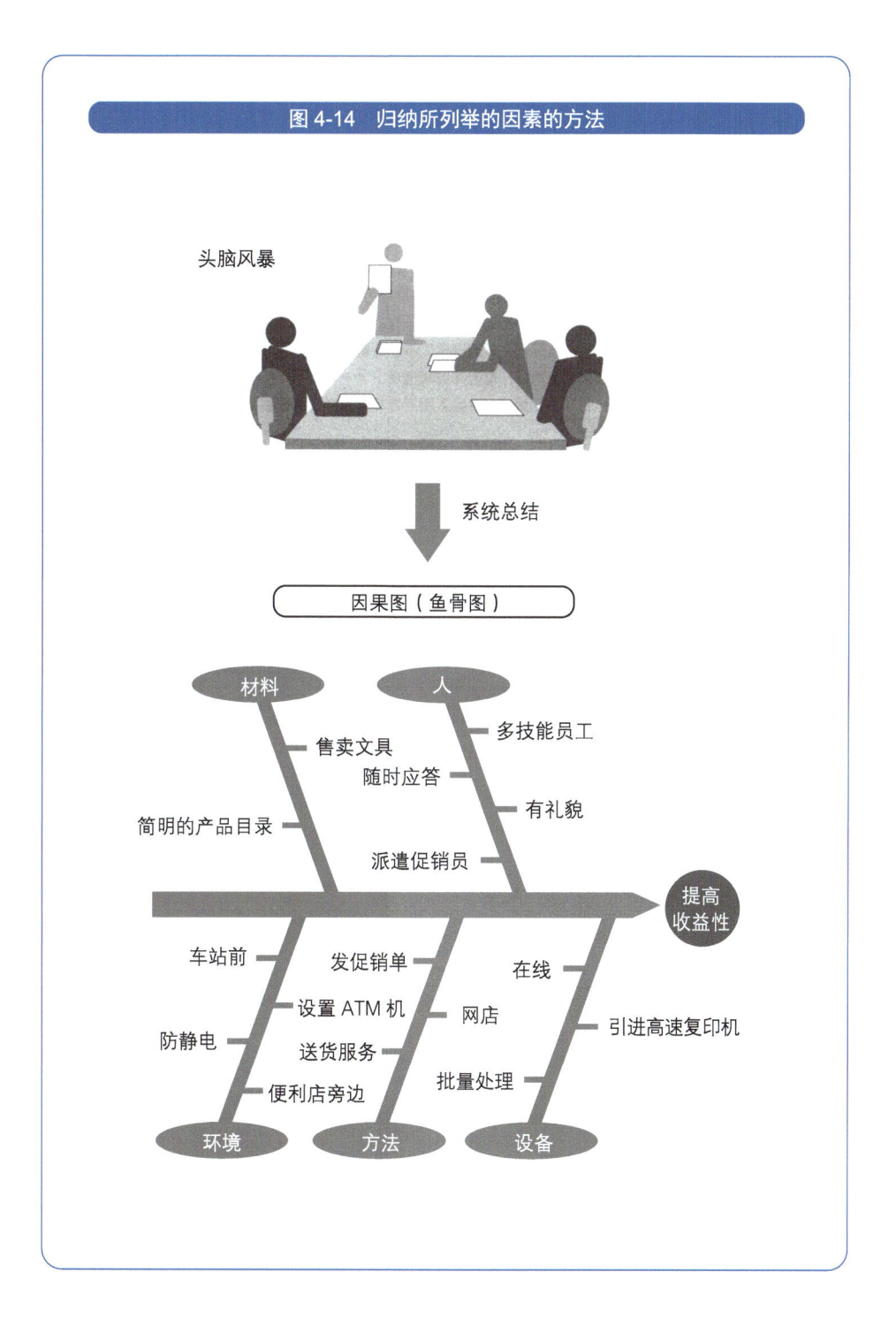

图 4-14 归纳所列举的因素的方法

头脑风暴

↓ 系统总结

因果图（鱼骨图）

材料
- 售卖文具
- 简明的产品目录

人
- 多技能员工
- 随时应答
- 有礼貌
- 派遣促销员

→ 提高收益性

环境
- 车站前
- 防静电
- 便利店旁边

方法
- 发促销单
- 设置 ATM 机
- 送货服务

设备
- 在线
- 网店
- 批量处理
- 引进高速复印机

119

15 什么是能做的？什么是不能做的

选定因素 x

要知道做出的因果图中，包含一些实际无法操作的因素。因为这是把所有能想到的都列举出来，所以也是没法避免的事情。但是为了缩小范围，提高因果图的参考价值，需要提前淘汰无法实施的因素。

另外，还要注意某些存在因果关系的因素。

在此基础上，从因果图中选出影响力大的因素 x。

如图 4-15 所示，现在要做的是从众多因素中，逐渐缩小范围，更准确地推导出对质量特性产生影响的因素。话虽如此，单凭因果图来进行选择缺乏客观说服力。如果因素较多，探求它们的效果和管理方法就更有难度了。

基于上面这些理由，六西格玛提倡关注最重要的因素（Vital Few）来进行管理。最终筛选出二到三个因素是最理想的。所以，小组讨论会或因果图也要有一定的"度"。

经过小组成员讨论，初步定下来 5 个因素，都是某种程度上可以由本公司进行管理的，也包含定量的东西。

从现在起该如何进行筛选呢？还是 5 个一视同仁？

这种情况下，我们推荐使用"实验设计法"（Design Of Experiments, DOE）进行选定评价。

怎样使用这个方法呢，我们和松坂他们一起来学习吧。

图 4-15　选定因素

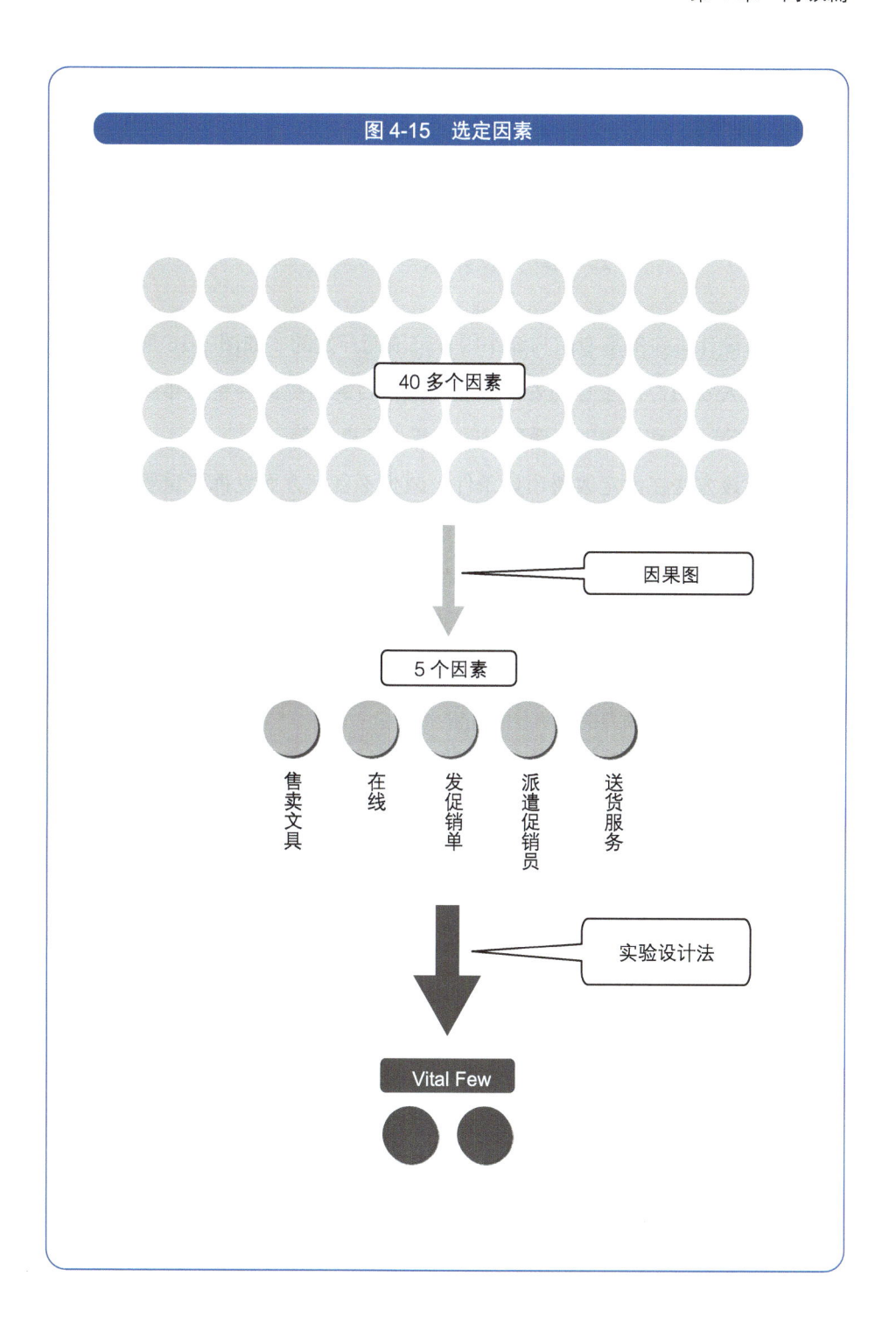

40 多个因素

因果图

5 个因素

售卖文具　在线　发促销单　派遣促销员　送货服务

实验设计法

Vital Few

16 尽量减少因素

什么是实验设计法

实验设计法并不是专门为缩小因素范围而开发的。如图 4-16 所示，它最初由英国人发明，用于合理安排农业实验，目的是提高一些跨年度、需长期进行的试验的效率，如决定播种时间、减少病虫害等。

现在该方法在设定改善质量条件、减少不良率方面发挥了重要作用，它的出发点仍基于统计学思维。

统计学思维不着眼于个别数据，而是把握群体倾向。也就是说，播下 100 粒种子，其中 5~6 粒发芽有早有晚，剩下的都是一起发芽的，这个一起发芽的时间就是平均发芽天数。如果能掌握数据的平均值和差异值，那么群体间的比较会更具有说服力。

实验设计法的目的是进行有计划的试验，找出最合适的条件。如果试验顺利，它同时也是选择出对过程产生积极影响的因素的一种手段。

构成试验条件的因素，至少包括两种标准（状态）。例如，在电灯开/关两种不同状态下，测定室内照明情况，这个试验是成立的。

现在回到 KinKon's 上来。松坂和倡导者商量后，决定请社长给加盟商写一封信，请他们协助进行本次试验。信的主要内容就是本次试验可能会造成店铺短时间内营业额下降，所有风险由总部承担。

我们希望负责人都有这种让社长也参与其中的气魄。

图 4-16　实验设计法

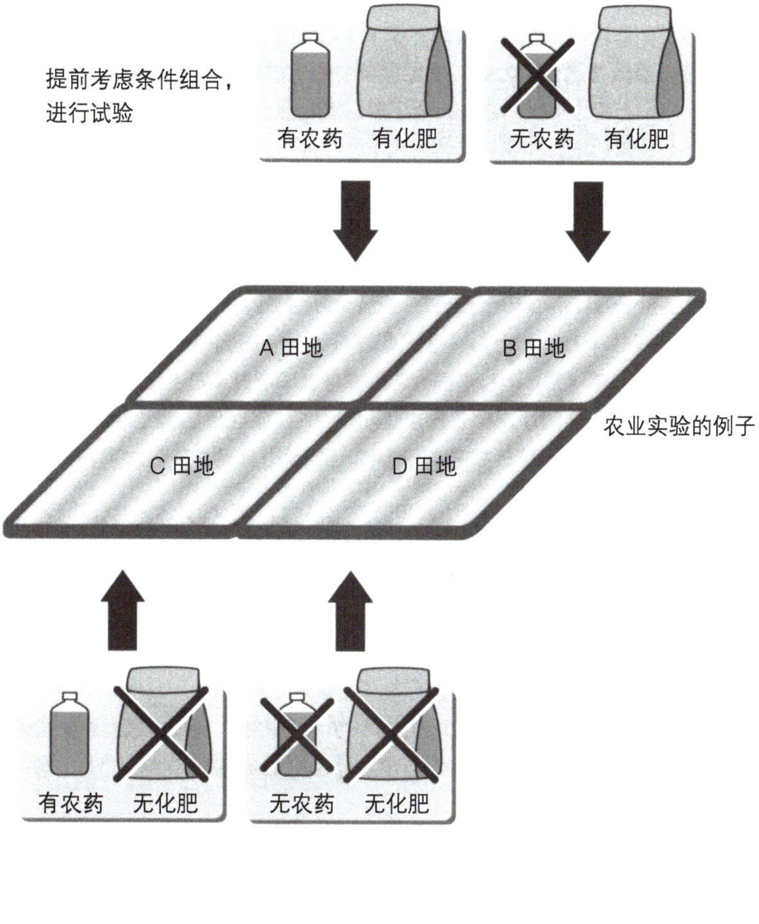

提前考虑条件组合，
进行试验

有农药　有化肥　　无农药　有化肥

A 田地　　B 田地

C 田地　　D 田地

农业实验的例子

有农药　无化肥　　无农药　无化肥

17 开始 DOE <Ⅰ>

计划实验

社长的信寄给了 8 家环境、销售收入近似的店铺。所幸店主们都表示理解，这已经打下了良好基础。

下一步要确定 5 个被选因素的标准值。本次全部定为两种标准。例如，作为新业务，在线 DTP 服务有"引入""不引入"两种，发促销单可选为"发"或"不发"。

实验为期一个月，用收益性=本月面积利润与上月相比的变化率来判断因素的影响度。

看到这里，大家是不是会涌现出很多问题呢？"为什么不选 5 家店铺"或者"为什么有 5 个因素却只有 8 家店铺做试验"等。

采用一家店铺试用一个因素的方法非常简单，但是由于每家店铺自身情况不同，风险极高，反而可信度降低。

反之，如果进行 5 个因素的排列组合，那么一共需要进行 2 的 5 次方，即 32 次试验，必须挑选 32 家店铺。

如图 4-17 所示，到底为什么是 8 家店铺呢？实际上这是实验设计法最出色的特点。借助统计学的力量，用 8 家店铺做试验就可以得出有充分判断性的结果。根据一个叫作"L8 直交表"的表格，在 8 家店铺内分别填入各自的条件。专业术语称为"分配条件"。根据直交表设定条件，是系统处理试验结果必需的做法。

像这样终于完成了准备工作。现在就等着做试验了。

图 4-17　实验条件分配

5 个因素

售卖文具　在线　发促销单　派遣促销员　送货服务

设定 8 家店铺的条件

店铺名	售卖文具	在线	发促销单	派遣促销员	送货服务
A	无	无	无	无	无
B	无	无	有	有	有
C	无	有	无	有	有
D	无	有	有	无	无
E	有	无	有	无	有
F	有	无	无	有	无
G	有	有	有	有	无
H	有	有	无	无	有

125

18 开始 DOE <Ⅱ>

着手实验

实验开始已经一个月了。各家店铺现在的情况怎样呢？

结果各种各样，有变化显著的店铺，也有没发生变化的店铺。可是只看表中的结果，完全不知道哪个因素起了多少作用。

下面介绍另一种统计分析方法，即"方差分析法"（ANOVA）。

如图4-18所示，在对8家店铺进行各个因素的条件设定（分配）时，曾经用到L8直交表，事实上这种条件设定本身就是以方差分析法为前提的。所以，本次得到的结果经过统计学分析后，能够量化各个因素的影响度。

为量化影响度，需做成方差分析表。表中项目为各因素平方和S、自由度f、方差V、方差比F、贡献率ρ，填入数值为分别运算后得到的统计量。使用统计软件可以很容易地求得这些数值。

在方差分析表中需要额外关注的是方差比F和贡献率ρ。如果方差比F大于18.5，说明该因素"有贡献"，即对结果产生的影响大。如果大于98.5，则说明"贡献极其显著"，影响力非常大。贡献率ρ用百分比表示各因素的影响度占多大比例。

从本次结果知道，5个因素里面"送货服务"和"发促销单"这两个因素在统计学上影响显著。然而这没有考虑到每家店铺的特殊情况，如果有像出现新的竞争对手、发现优质客户等无法预测的外部干扰因素，则要在分析时多加注意。

图 4-18 通过直交表设定条件并得出结果

店铺名	售卖文具	在线	发促销单	派遣促销员	送货服务	变化率(%)
A	无	无	无	无	无	100
B	无	无	有	有	有	110
C	无	有	无	有	有	144
D	无	有	有	无	无	85
E	有	无	有	无	有	106
F	有	无	无	有	无	104
G	有	有	有	有	无	98
H	有	有	无	无	有	133

方差分析表

	平方和 S	自由度 f	方差 V	方差比 F	贡献率 ρ (%)
售卖文具	0.5	1	0.5	—	—
在线	200	1	200	12.3	—
发促销单	1 404.5	1	1 404.5	86.4*	53.3
派遣促销员	840.5	1	840.5	51.7*	31.6
送货服务	128	1	128	7.9	—
误差	32.5	2	16.25	—	15.1
合计	2 606	7	—	—	100

有贡献

19 开始 DOE <Ⅲ>

进行二次实验

通过 DOE，5 个因素中的 2 个成为 Vital Few 的有力备选。

项目组讨论后，决定进行更深一层的研究，以找出能使这两个因素更有效利用经营资源的条件。

所以接下来在业绩相近的 4 家店铺又进行了下列试验。

"送货上门"按照业务范围分为距离店铺往返"20 分钟以内"和"1 小时以内"两种。而"发促销单"则考虑了"限时促销"和"会员长期打折"两种。需要 4 次组合，在各家店铺分配后进行试验。1 个月后得到如图 4-19 所示数据。

本次仍然采用面积利润作为收益性指标进行分析。另外，本次试验目的不是缩小因素范围，而主要在于决定各项因素应设定的标准，所以通过主效果图，而非方差分析表来判断。

主效果图中，倾斜度越大的因素影响力越大，可以推断出既定标准能否实现预期效果。

用主效果图比较"送货服务"和"发促销单"，很显然"送货服务"的区域范围影响力更大，而且同时可以看出范围越大效果越好。

像这样,通过运用实验设计法,不仅仅在 5 个因素中锁定 2 个为 Vital Few，还能明确表示出各个因素选用不同设定条件时产生的差异。

图 4-19　确认因素效果

主效果图

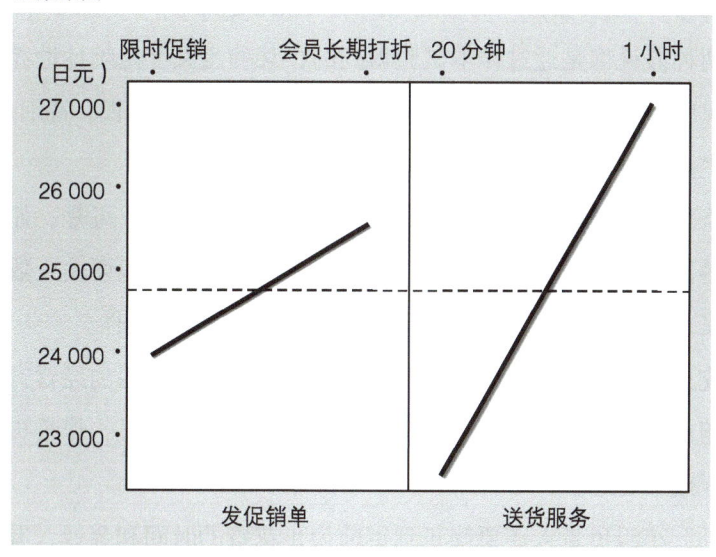

| （日元） | 限时促销 | 会员长期打折 | 20 分钟 | 1 小时 |

27 000

26 000

25 000

24 000

23 000

发促销单　　　　　送货服务

20 ▶ 回到现实中重新审视

由统计到现实的转换

项目组通过在试点店铺进行的试验得到了下面的假说。

假说①:"送货服务"和"发促销单"对于提高收益性十分有效。

假说②:"送货服务"的配送范围越大效果越好。

这两种假说都是通过样本试验得到的,某种意义上是统计世界的产物。实际情况中应用性、现实性或外部干扰因素等都不能被忽视。特别是假说②,在现实生活中送货范围肯定是有限制的,如图 4-20 所示。

我能理解这种想把辛苦得来的结果奉若真理的心情,可是,如果忘记现实世界的限制就变成了纸上谈兵。统计工具固然方便,只要输入数值,就能得到答案。遗憾的是,它不能判断出答案是不是具备现实性。

研究这两种假说的基准还是资金、人员、时间等有限的经营资源。不仅是项目组成员,同时也要征求经营者、加盟商等外部意见,尽量扩大讨论范围,这样效果更好。

另外,小组负责人还要修正到目前为止花费的时间和金钱,看是否还有余力进行进一步的调查研究。因为像实验设计法这样的非模拟实体试验,往往会超出预算的人力、财力。

不管怎样,不能对统计数据囫囵吞枣,而要捕捉到这些数据反映了现实中哪部分问题,这非常重要。

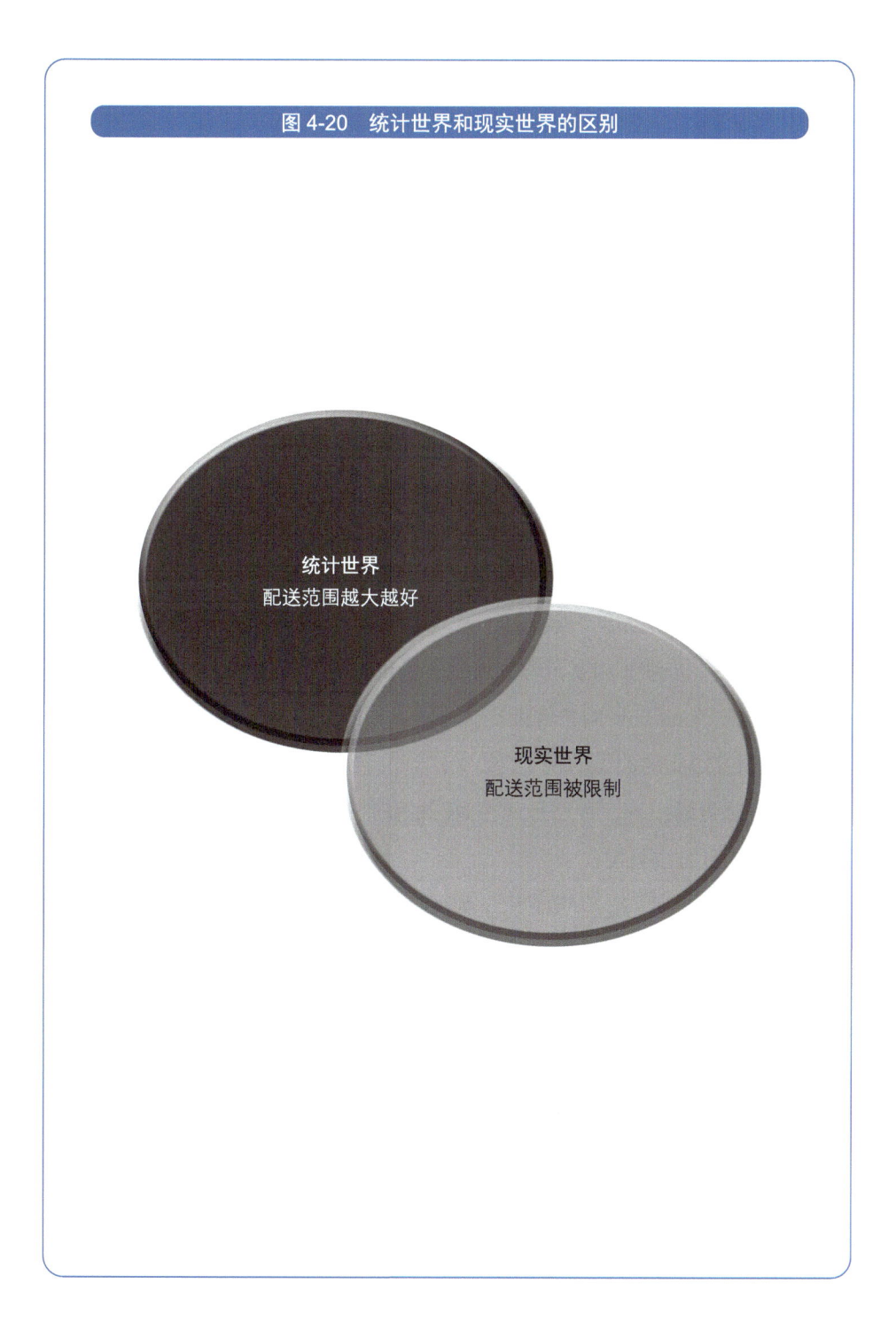

图 4-20 统计世界和现实世界的区别

统计世界
配送范围越大越好

现实世界
配送范围被限制

21 阶段性总结 3

选择需要管理的因素 x

前面我们针对六西格玛活动的主体、因素 x 的选择方法，围绕着实验设计法进行了说明。

从之前研究的焦点——收益性 Y 到现在讨论对 Y 产生影响的因素 x，大家应该能够理解整个转变过程。如图 4-21 所示，筛选 Vital Few 的过程可以概括为以下步骤。

① 尽可能多地列举对 Y 产生影响的因素 x。

② 使用因果图归纳因素 x。

③ 为进一步缩小因素范围，通过实验设计法进行试验。

④ 进行 Vital Few 的条件设定试验。

⑤ 研究得到的假说的现实性。

再重复强调一下，特别是现在对⑤的研究，可以左右今后的活动成果，这么说并不是言过其实。

也许有人会问"选择 Vital Few 为什么要和实现目标 Y 联系起来"，Y 的最终目标可是"面积利润下限为 2 万日元，Z 为 3 以上"。

当然，选择 Vital Few 是实现目标的手段。但是进行到这里，后面 Y 的实现与否多少会受 Vital Few 设定标准的影响。

下面我们会继续研究 Vital Few。

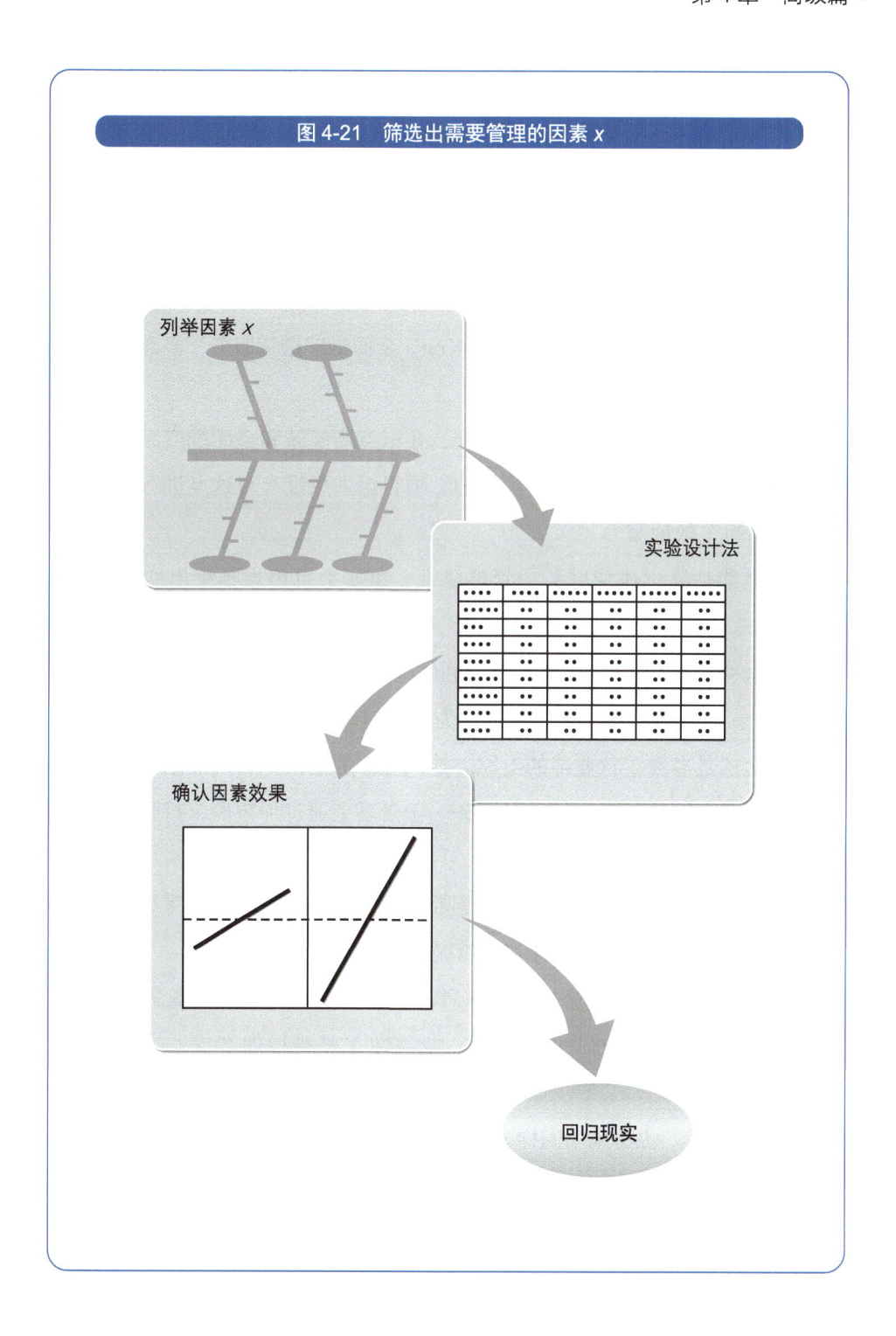

图 4-21 筛选出需要管理的因素 x

列举因素 x

实验设计法

确认因素效果

回归现实

22 如何预测提高收益性的效果

以小龟快餐为标杆进行标杆管理

作为项目活动成果，如果在 KinKon's 全面推广送货服务，事态会怎样发展呢？

不管对提高收益性有多大的效果，在试点店实施和全面推广无论是在投资规模还是风险上都不是同一等级的。项目组如果没有对这点进行试算，做出的报告也欠缺说服力。

纵然能估算出送货服务的管理成本，事实上也很难预测出能提高多少利润。

在这种情况下，设定 Y 目标时用到的标杆管理方法又发挥威力。如图 4-22 所示，这一次，最理想的是找出能作为参考的标杆。

这次还是多亏了营业部的上原。他从客户那里得知，同样采取加盟经营的"小龟快餐"最近开始了送餐服务。于是马上通过加盟商，打听出他们的营业部在这方面的情况。

根据消息，经营得好的话，能提高 3~4 成销售收入，同时考虑到一并提高的停车费等管理费用，预计利润能提高 2 成左右。

也许和快餐业做比较并不太恰当，但是仅仅是预测增加送货服务的影响度则足矣。因为通过追加服务后，收益性 Y 平均增加 2 成，这一预测完全成立。

"发促销单"也将采用同样方法，这里就不重复了。

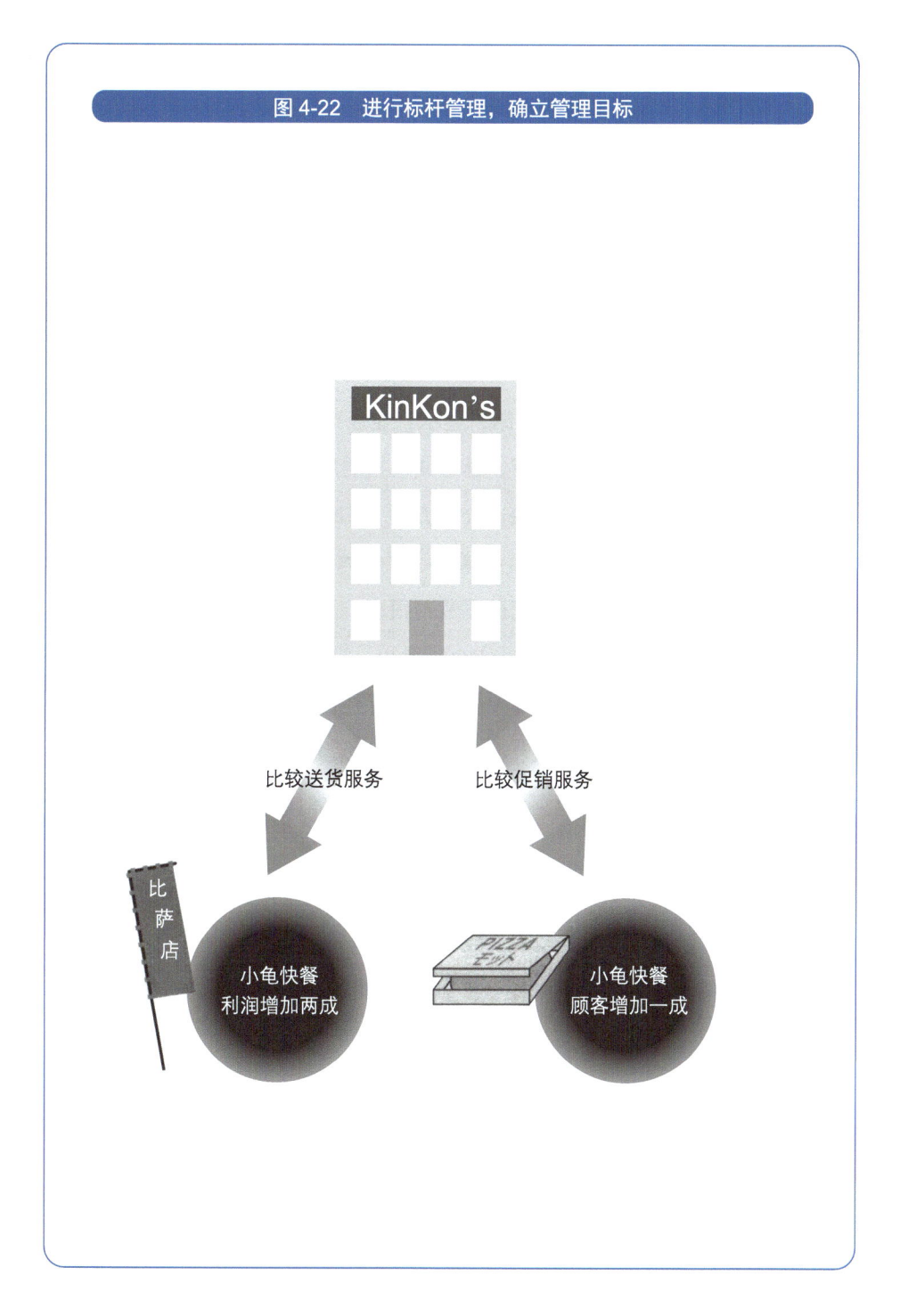

图 4-22　进行标杆管理，确立管理目标

23 寻找 Vital Few 的最佳条件

尝试最佳化

两项 Vital Few "送货服务"和"发促销单",在管理上根据设定条件不同,投资规模和风险也不同。

"送货服务"这一项,DOE 结果显示:业务范围越广,收益性提高越大。但是,范围太广不但要增加投资,延迟或误送的风险也会增加。

最后决定将送货业务交由快递公司办理,KinKon's 目前不会自行配送。这样就不用担心送货范围问题,还增加了送到客户指定地点、货到付款等服务项目。在管理成本上比自己配送要节约很多。

另一项是"发促销单",通过 DOE 得知,打折方式不同引起的差异并不明显。考虑到这一点,决定将开发新客户和保住回头客分开进行管理。

在开发新客户方面,发放半价试用券;在保留回头客方面,发行累计印刷数量的积分卡。该卡仅在发行店能有效使用,这样就避免了加盟商之间的竞争。

综上所述,两项 Vital Few 都达到了管理目标最佳化,如图 4-23 所示。

这样,项目活动终于要迎来大结局了。

如果本次项目成果得到采用,经营层还要判断出如何在所有店铺间推广这些活动。

GB 松坂正在为了社长报告会而进行周密的准备。

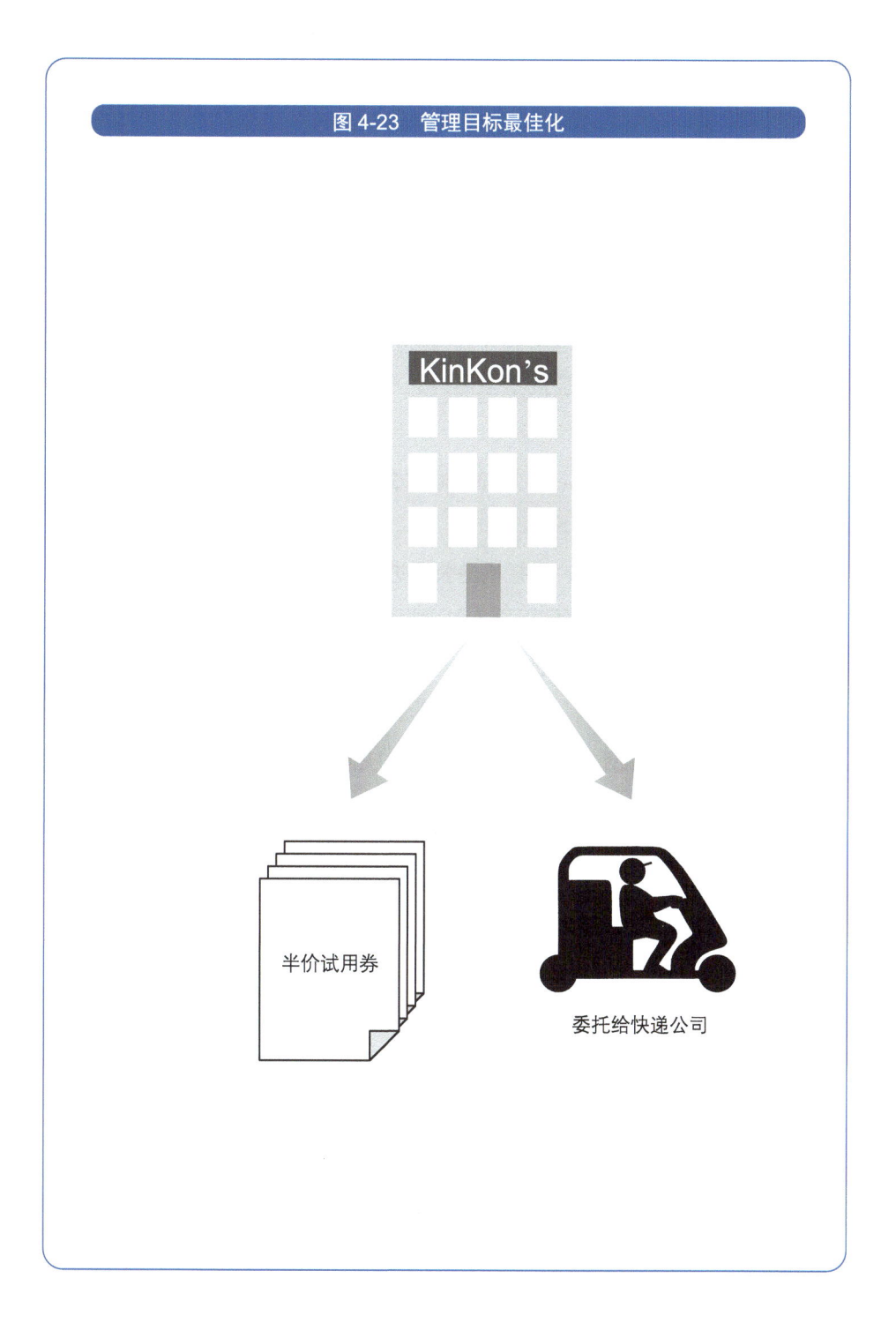

图 4-23 管理目标最佳化

半价试用券

委托给快递公司

24 得到加盟商的理解

在现有店铺中横向推广

在社长报告会上,项目提案被顺利采纳。松坂小组的活动也进入了尾声。

本次活动除去参加实验的加盟店外,没有告诉其他店主,如果突然实施可能会过于草率。

最后决定由营业部临时召开加盟商大会,在会上进行说明,从而得到大家赞同。大会说明要点如下:

① 引进"送货服务",委托快递公司进行。

② 为开发新客户发放打折券(包含报纸广告夹页)。

③ 为保住回头客发行积分卡。

④ 为确保服务质量,实施用户调查。

关于对增加的服务的说明,需要理解的是④的调查目的并不是评价加盟商,而是对于服务进行 CS 调查。

如果不实施调查④,实际导入的项目成果是不是真正有效就不得而知,而这却是六西格玛十分关注的后续工作。

大会结果,如图 4-24 所示,50 家店中仅有 2 家不赞同,其余店主都基本认同。这两家店本身经营状况恶化,已经被总部列为撤销候补,还哪里谈得上增加新服务呢。

图 4-24　由试点店铺横向推广

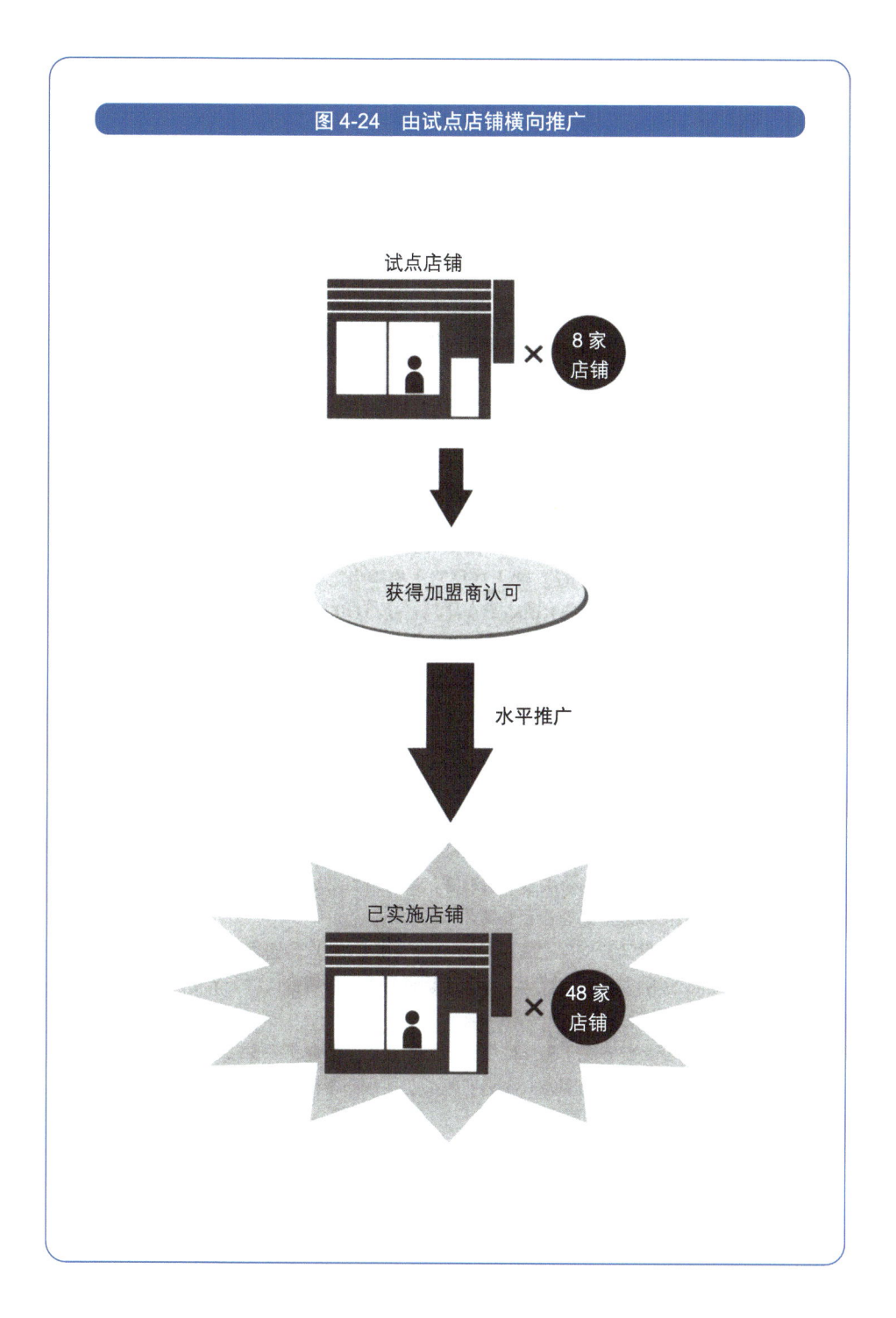

试点店铺 × 8家店铺

获得加盟商认可

水平推广

已实施店铺 × 48家店铺

25 监控店铺的收益性

绘制控制图

项目组一直使用"每平方米店铺面积折合的利润"作为收益性尺度来进行讨论。

考虑到 Y 的最终目标也是按这个数值设定的,所以要想办法把它做成一目了然的格式。

这时使用 QC 工具之一的控制图就很方便了。控制图在做出实际变动趋势的同时,设定管理界限,能提前发现问题。

一家店铺只有一个面积利润数据,虽说 KinKon's 公司一直用这个数,也不是很容易就能算出来的。这种情况下需要做一个如图 4-25 所示那样的控制图。

此类图是由每月各店铺数据和全公司整理后数据分别做成的,对于平常监控目标实现度是一种有效手段。

当控制图发生变动时,分析原因所在,如果是可以剔除的因素,马上就能修正。如果异常情况持续发生,就要考虑是不是设定的管理界限和规格界限[6]本身有问题。

原本六西格玛是以做出 Vital Few 的控制图为前提,如果不能定量管理 Vital Few 时,也会将 Y 作为管理对象。

另外在项目结束后,还需要明确一个负责任的人管理数据。

图 4-25　用虎门店去年的数据制作控制图

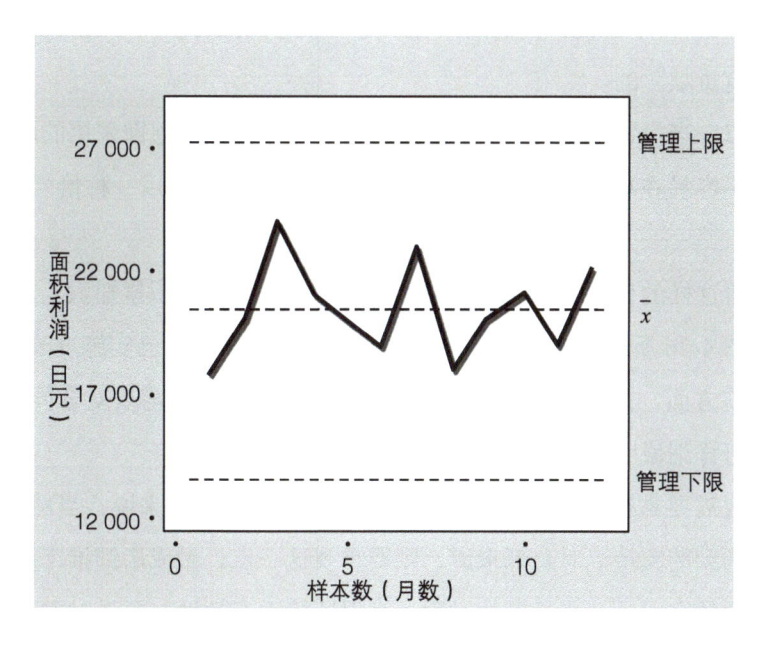

26 赚钱店铺的标准是什么

制作店铺推广手册

社长决定要打造赚钱店铺,那么基准是什么呢?

在松坂的小组活动结果中,也有很多关于这点的启示。实验设计法选出的 Vital Few 自不必说,其他因素也不是一点意义没有,只不过在统计学上不属于"有贡献"的。

所以,当投资较少时,被引进的因素,应该包括能立即采用的内容。

好不容易在项目中得到的宝贵数据,大家都希望能以一种恰当的形式保存起来。

怀着这样的目的,采用"店铺推广手册"的形式来积累知识。

如图 4-26 所示,像 KinKon's 这样的加盟店,新店和已实施过改革的试点店在推广方面,内容、方法都有所不同。对新店来说,需要对合同、审查标准等进行详细说明,老店则需要靠合同来维持管理。

不过需要重视的还是已有店铺的收益性,对加盟商来说,当然希望能得到总部周到的支持。对总部来说,则要重视这一点,做成店铺推广手册。

手册的完成是一个长期的过程,为保证管理有效性,要随时删除陈旧的、不合现状的内容。一个项目用一页,采用流程图等显而易见的形式来表现。

用文字将活动记录下来,也可以说象征着六西格玛的稳定性。

图 4-26 店铺推广手册

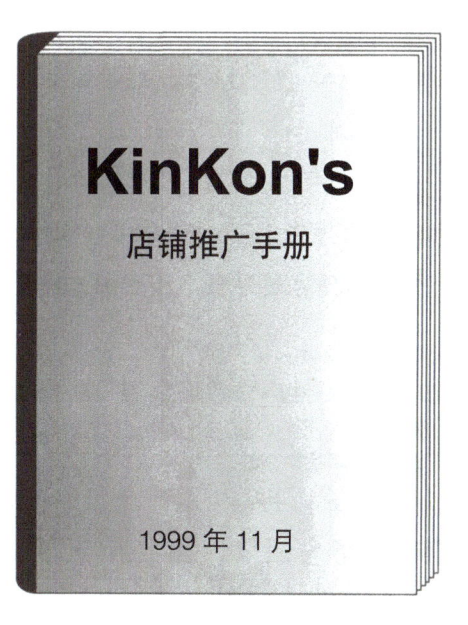

27 活动结束后半年

最后的认可路程

在六西格玛的辞典中，不存在活动结束的概念。

但是从单一的项目来考虑，有始就有终。

在这半年间，以松坂为 GB 的 6 人小组最大限度地发挥了各自的能力，参加了项目活动。

"多样化的具体项目决策与验证"项目回顾阶段完成后，告一段落。这时负责人要做出"项目结束报告书"，和最初的企划书一样要通过决议。在最终报告中，要体现出当初预算效果金额和费用，或者填写实际效果达到什么水平。

这时由于还未向店铺水平推广，效果金额无法预测。这种情况下，活动结束后要画出控制图、监测财务数据走向，并持续下来。特别是效果金额，要想得到正确数值，至少要等到半年以后。

所以，虽然暂且完成了报告，小组也解散了，作为 GB 还要在结束后继续尽责，提供支持。如果没有达到预期效果，马上向倡导者汇报，考虑相关善后对应方法。

如报告所示，本次项目由于实施了 DOE，远远超出预算工时，费用也大幅增长。这早在松坂预料之中，他相信付出这些一定会收到更好的效果。那么，结果怎样呢？

请看报告完成半年后，"面积利润"的分析结果，如图 4-27 所示。

Z 为 2.8，虽说接近目标值 3，但是还差那么一点点。

图 4-27　半年后结果

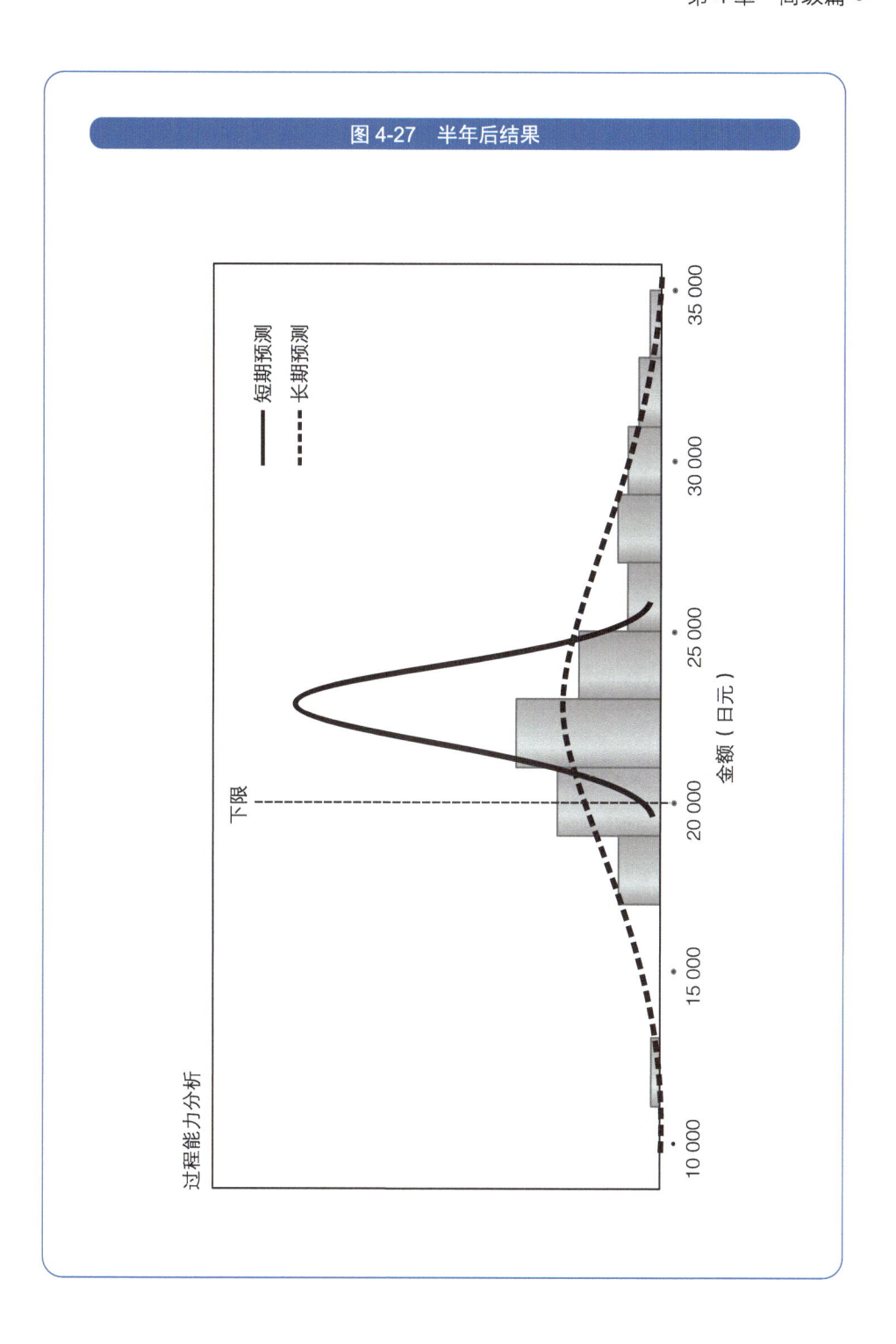

28 总结

确认六西格玛活动成果

通过虚构的企业 KinKon's 的例子，对六西格玛的项目活动进行了讲解。大家对项目的推进方法或多或少都有些了解了吧。

可惜的是，最终没有达到松坂的预测目标值 $Z=3$。可是效果金额却在以超预期的速度增加，这一点值得高度评价。

把每家店铺分开来看，虽然整体收益性得到改善，但是仍存在改善不大的店铺，这需要具体分析原因。对于本次项目结果未包含的外部干扰因素，如竞争对手等，还要考虑其他方案。

乐观地想，这次的问题就是下次项目的论题，这次的效果金额就是下次的基础数据。

在六西格玛中，像这样以 COQ 为基础，进行自我完善的过程改革可以说是最理想的状态，如图 4-28 所示。

最后我们再复习一遍活动过程。

① 决定 Vital Few 的最佳条件。

② 在管理图上做出变动情况走势，抓住异常点。

③ 决定实现稳定化的手段。

④ 最终报告得到认可后，计算项目活动收支情况。

松坂："项目总算结束啦！"

总务部长："收到最终报告后，我从社长那里得到通知，直接提升你为 BB。好好干啊。"

松坂："啊？知道了。遵命！"

总务部长："松坂君，今后的六西格玛活动就拜托你这样的人才了。"

图 4-28 项目良性循环

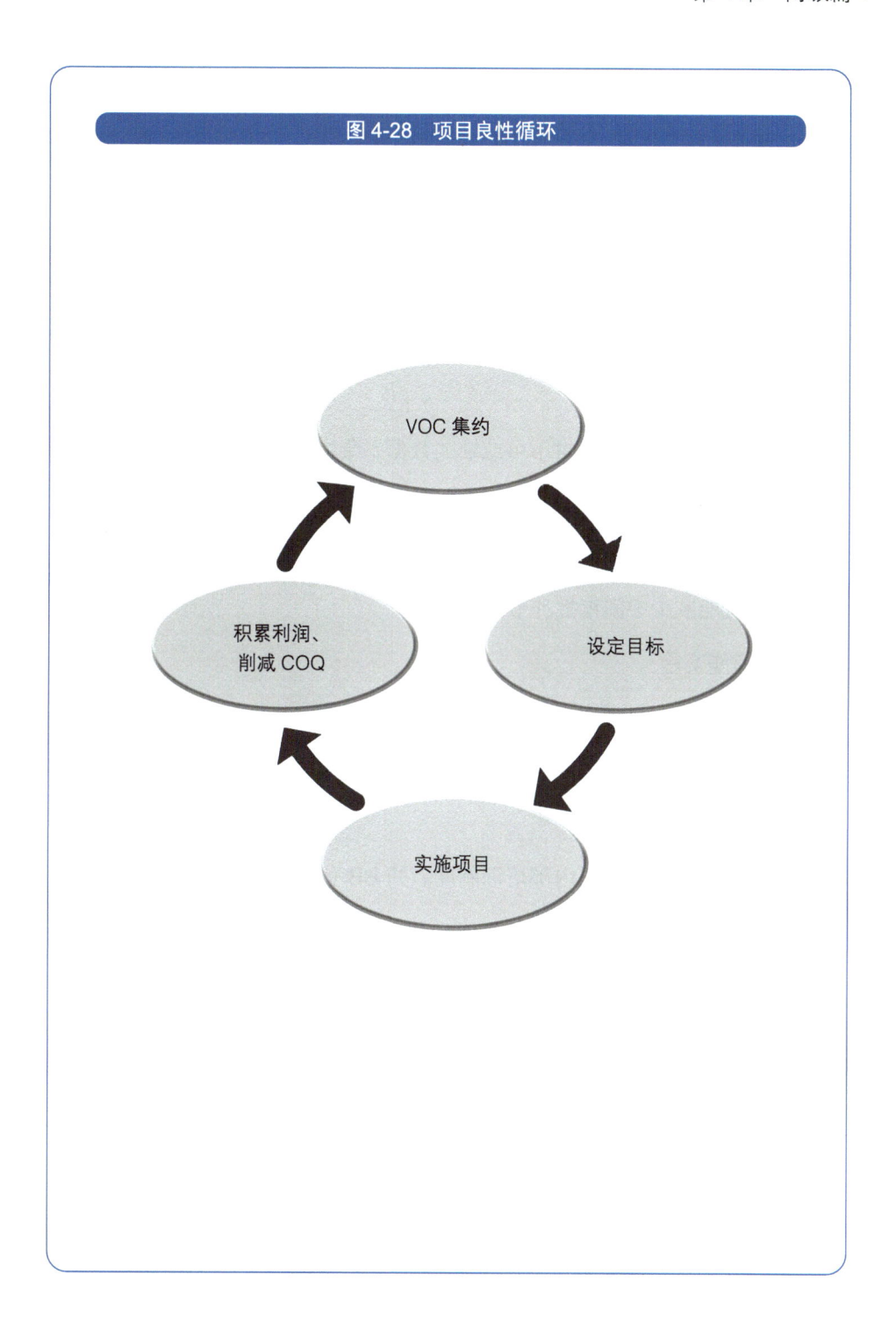

VOC 集约 → 设定目标 → 实施项目 → 积累利润、削减 COQ → （循环）

第4章注释

[1] 快速经营

在企业经营中，在最短时间内实现决策到实践的转换。这是通用公司的杰克·韦尔奇的座右铭。

[2] 客户调查

CS 调查和收集 VOC 时不可或缺的数据采集方法。

[3] 决议

最终产生决策前必须通过的一种流程。即让相关部门审阅的经营决策系统。应尽可能减少中间审批环节。

[4] 官能实验

指通过视觉、味觉等人类感觉进行的实验。如"品酒""闻香"等专家开展的实验，或者像街头试饮啤酒等活动。

[5] 教育制度

六西格玛建立的公司内部培训制度。如 BB 负责培训 GB。

[6] 管理界限和规格界限

请参考第 5 章。

第 5 章
六西格玛咨询室

本章将回答关于六西格玛的常见问题。
对那些平日里很自然就说到的统计用语，或者担心太简单而不好意思发问的问题，进行简明易懂的讲解。

01 到底什么是"六西格玛"

对于初次读这本书的人来说,"六西格玛"这个词简直是闻所未闻,仿佛是异度空间的起点一般。

结论就是,"六西格玛"就是"六西格玛",只能原封不动地记住它。

这个有点饶舌的"六西格玛",在前面已经说明过了,是从统计术语标准差σ(西格玛)得来的。直译过来就是"6个西格玛"。

而对于导入六西格玛的企业来说,这是一句口号,意味着项目活动目标值(3.4/1 000 000)。这些企业里的员工,能够向周围的人介绍六西格玛。

提到标准差,简单地说就是表示事物差异程度的指标,数值越大差异也越大。反过来说,如果标准差本身很小,那么6个标准差的值也很小,基本上被涵盖在规定范围内。

这里并不是想用一些复杂的统计方法谈论下去,形式虽然有所不同,本质是"不管从事何种作业,都要控制过程差异,实现目标结果"。

比起结果本身,六西格玛方法更重视过程的改善。因为它是由"高质量过程生成高质量结果"这一基本观点衍生出的方法论。

这种必须要实施,但是课题选取极其有难度的经营方法就是六西格玛。

02 "0"和"3.4/1 000 000"有什么区别

我经常会听到这样的疑问:"3.4/1 000 000 已经是一个无法想象的极小的数字了,为什么还要和 0 区别开来呢?"

这也是六西格玛的一种概念转换。

人在进行作业时,不可能是"零缺陷"的。不管是自动化程度多高的尖端产业,都包含某些需要人来判断的过程。这里涉及概率的问题,只要有人类参与,产生缺陷的可能性就会是无限接近于 0 的"一定数值"。

如果产生缺陷的概率是一定比例的话,随着生产数量的增加或作业次数的反复,由于缺陷造成的不合格件数随之不断扩大。

举个例子,即使只能生产一件的国宝级产品,运气差的话一开始的工序就出现错误,最后不合格率就是 100%。

所以,对这类问题来说,将失败件数目标设为 0,倒不如转换为"把引起失败的概率控制在一定数值(=3.4/1 000 000)内"更现实些。

六西格玛这样承认现实的态度是最重要的。

03 不懂统计怎么办

统计……只要听一听就让人直冒冷汗、拔脚想逃。

唉，虽然没有人因为讨厌它而辞职，但是肯定有人抱怨："我又不是学理科的，为什么现在却要受这种罪！"

六西格玛有若干理由让统计成为必需，其中最重要的是因为它可以客观地捕捉过程、量化能力。例如，"这个产品价格总觉得有点高""这个企业的效率好像太差了"等含糊的评价，都能通过具体数值明确表示。

的确，这是六西格玛活动中无法规避的一道坎，不过只要会下面几件事，就不用对它敬而远之了。

① 会四则运算。（可以用计算器）

② 能看懂正态分布表。（入门很简单）

③ 会使用计算机中的表格计算软件或统计工具。

其中只有③需要略加培训，①、②都不是什么大不了的事情。

六西格玛使用的统计方法也包含数学上相当难的东西，但只要理解平均值和标准差（离散）就足矣。

平均值是所有数据的和除以数据个数的商，是代表数据整体倾向的指标。

标准差是各个数据与平均值的差的平方和，除以"数据个数–1"的商的平方根，是代表数据离散程度的指标。

再记住重要的一点，正态分布是钟形分布。

04 什么是统计性检验

六西格玛使用的统计方法中有一项是检验。

用数学上晦涩的语言说,检验是指"根据实际情况与事先提出的假设之间的差异,评价假设的正确性"。

下面用事例进行说明。

现在有两个大小相同的水杯,其中一个有小洞。用这两个水杯接水,假设下面的说法(归无假设)成立。

[假设] 同样大小的水杯,盛水量相同(理论上)。

如果洞很小,水基本上漏不出去,应该对盛水量没有影响。可惜,实际做了几次试验,有洞的水杯里的水都在逐渐变少。这时做出判断:

[判断] 假设不正确,水量不同,即因为有破洞的影响,水量有差异。

也就是说,不能忽略破洞的影响,结果肯定有差异。像这样否定假设的方法称为"放弃",两个水杯间存在"显著差异"。

抛开拗口的说法,只需记住检验是对平均数据、离散数据进行比较时使用的手段。如果使用统计工具的话,请牢记"p 值小于 0.05 时有显著差距"。

05 Z值是什么数值

前面我们用"6个σ"解释六西格玛。

可以容纳6个标准差σ，说明既定样本值和实际平均值之间有余量。

这个6，就是这时的Z值。它是样本值和平均值之间的离差除以标准差σ得到的。

在样本值和平均值保持不变的前提下，差异（即标准差）越大，Z值越小。相反，产品和过程能力稳定，差异小，Z值就会增大。换个角度看，不管差异有多小，如果样本值和平均值之间没有余量，Z值也不可能增大。

这样，Z值是比较现有产品、过程能力与既定样本后，其所在水平的一个标准。

看到这里，可能会陷入一个误区，那就是Z值越大越好，绝不是这样的。当Z值没有超过一定程度，但是已超出必须范围时，说明超出样本，或者可能是向特定能力发生偏移。在这种状态下，反而会消耗不必要的成本、时间，发生未实现过程最佳化的情况。

在项目中，根据Z值确立改善目标时，Z值小于3时，将现有不合格率降为1/10，大于3时，降为1/2。

06 Z值长期和短期数值有1.5的差异吗

"在正态分布表中，3.4/1 000 000的概率相当于 $Z=4.5$，为什么要说成六西格玛（$Z=6$）？"

说得一点没错。我们知道，当正态分布表中$Z=6$时，发生概率是十亿分之一这样一个微乎其微的数值。那么哪个数是正确的呢？答案是：都是正确的。

这么说确实不太恰当，换一种更合适的说法。

"短期能实现$Z=6$的过程，长期能力可达到$Z=4.5$以上。"

在这个计算过程中，出现了1.5的差异。

发现数值1.5正是六西格玛的创始人迈克·哈里。即由于季节等外部因素影响，无论过程能力多高，长期来看都会产生移动（也叫漂移），可以用这段数值来观测过程能力。

抛开复杂的说明，一般来说，多长时间是短期，多长又是长期，这是下定义一方的责任。

另外，必须要注意的是，即便短时间内过程能力出现较高值，也不能掉以轻心。

07 什么是管理界限和规格界限

这是由 QC 方法之一的管理图引出的概念。

在六西格玛 C 阶段的稳定化部分，经常会使用管理图。这时值得引起注意的是，对项目活动过程中样本值或规格值的争论。

计算 Z 值时，争论围绕着合格不合格的判定线展开。通常这条判定线被称为规格界限。

管理界限的地位类似于天气预报里的预警。也就是说，超过这个界限就会出现问题征兆。

在这里就不对管理图进行详细说明了，需要注意的是，管理界限极易和规格界限混淆。

管理界限比规格界限范围更小、更严格，这样说马上就能获得直观印象。不过，当管理图呈现的过程能力达到六西格玛水平时，规格界限远在管理界限外侧，会误认为"管理界限=规格界限"。

这是因为，管理界限通常是使用 3σ 法判定的，标准偏差 σ 较小时，便设定在一个很狭窄的范围里。

如果是特别优秀的过程，即使稍微超出管理界限，也没必要大惊小怪。

08 黑带到底要做什么

黑带在柔道运动里是取得黑带资格的人,在六西格玛中指的是项目的执行指挥官。

企业里担任这项工作的人多种多样,"质量负责人""改革申请人"等,职位、资历、叫法各有不同。能成为黑带的人,都拥有背负企业将来兴衰的领导力和执行力,这一点毋庸置疑。

原则上他和培训者黑带大师一样,100%专职,主要任务是负责所选课题项目活动的企划、推进、组员教育和跟进、向经营层汇报进度等。所以要成为一个有能力的黑带,至少同时担当5个项目案例。

做同样工作的也有绿带,他们一般是兼职,负责项目数也很有限。

负责的课题并不一定是自己擅长的领域,根据解决问题的能力,时常会做全公司跨部门的课题。

不管怎样,经过 4 个多月培训,开始实战时,作为专业人士,黑带要发挥积极作用。而且,对于选送这些人才的一方来说,为了让他们早日成功重返岗位,也应当耐心教育。

09 六西格玛和日常业务能并立起来吗

"平时的工作已经忙得晕头转向了，还要让我搞这个没头绪的六西格玛……"是不是有很多人都在抱怨呢？

的确，六西格玛的导入规模增大后，对主要成员的教育和日常业务共存，必然要占用一部分精力和时间。

黑带、黑带大师这样的专职人员自不用说，绿带和组员都要一边忙自己的业务一边钻研项目活动。这样不知不觉地就会优先做业务，项目得不到推进。

那么如何和日常业务并列起来呢？只能从一部分日常业务中强行拨出时间参加项目。为确保绿带 30%～50%工时、组员 5.5%～10%工时参加活动，倡导者要提前取得相关部门的同意。

另外，企业也可以在设定目标时提前计入一定工时。

不管怎样只是一个人努力无济于事，这需要得到上司、同事的理解，明确活动占用多少业务工时后，再参加项目活动。

10 不懂英语可以吗

在六西格玛中，和统计一样让人望而却步的就是英语了吧。

因为是长在美国的产物，培训教材是英文的，搞不好培训也是用英文讲解，常听到有人说跟不上。

遗憾的是，到 1999 年，六西格玛教育机构也没有完全实现本土化。于是不得不说，在黑带级别的培训里英语能力仍然不可欠缺。

但是在外资企业的办事处或一部分推广较快的本土企业里，通过负责人的艰苦努力，教材大部分已经实现了本土化。到这些企业去咨询也是一个方法。

而且咨询机构也偶尔举行面向大众的讲座等，另外，也可在网上查询相关信息。

不如干脆利用推行六西格玛的契机，一起提高语言能力吧。

11 六西格玛使用的工具是什么

乍一提工具有多种多样,要根据需要来区分。

例如,选择 CTQ 时,使用质量功能展开(QFD)和失效模式及效果分析(FMEA)等分析数据时,从统计打包软件和 QC 七种方法中选择恰当工具使用。

以下列举出六西格玛 MAIC 各阶段经常见到的工具,仅供参考。

M 阶段

质量功能展开、失效模式及效果分析、Gage R&R ANOVA 法

A 阶段

标杆管理、柏拉图、因果图、t 检验、F 检验、x 平方检验

I 阶段

实验设计法、方差分析法、应答曲面法、蒙特卡罗法

C 阶段

管理图、防差错系统

各种统计相关打包软件

MINITAB

SPSS

Crystal Ball

Statistica

RIPSES

12 六西格玛和 TQC 有哪些不同

"六西格玛大量使用 QC 工具，它和全面质量控制（Total Quality Control，TQC）到底还有什么区别？"我常常听到这样直率的意见。

在表 5-1 中对异同点进行总结。

六西格玛和 TQC 目标相同，不能将二者对立起来。六西格玛本来是采用源于日本的 QC 方法，作为深层概念来彰显其存在。

对有 TQC 基础的企业来说，六西格玛并不是难以接受的价值观。

表 5-1　六西格玛和 TQC 的比较

	TQC	六西格玛
方针决定	由下至上	由上至下
目标	定性的、抽象的	定量的、具体的
改革对象	明显的东西	深入到潜在的东西
判断基准	感觉、经验和胆识	定量分析
适用范围	部分最适用化	全体最适用化
活动期间	没有限制	限定时间
活动单位	小团队	跨职能小团队
负责人	志愿	专职
培训	自发的	系统的
工具	QC 七种方法	QC+统计工具
步骤	PDCA	MAIC
利益追求	努力目标	前提

13 导入六西格玛的历程是什么

对想要导入六西格玛的经营者来说，前方可能有几只拦路虎在等待着。

首先，必须具有将活动进行到底的坚强意志和明确的目标。在此基础上，明确经营方针，设定符合顾客需求的目标，再进行具体方法的讨论。

"从经营者自身开始贯彻六西格玛质量……"要求像这样敢于下决心，具备严格的、绝不含糊的决断力，这并不是危言耸听。"导入后放任不管"可行不通。因为六西格玛活动中能够随机应变做出判断的都是以经营者为中心的高层领导。这个判断标准，简单地说就是"能不能赚钱"。

其次，在很多方面都增加了投资负担。现在六西格玛咨询机构只有国外几家，单是委托合同费就是很大一笔，另外黑带等人负担也不小。随处可见的英语问题也不能忽视。

即使决定导入后，效果也不是立竿见影的。黑带与倡导者的教育、课题选择等并非一朝一夕可以完成，有些课题要花费一年以上的时间。

不过，克服这些困难后，六西格玛提供的价值也很可观。

在研究导入时，能和摩托罗拉、GE的日本法人谈一谈最好不过。他们一定会很有信心地给你讲解六西格玛。因为最初半信半疑间开始的活动，现在已经融入他们的日常业务中了。

14 怎么换算成钱

六西格玛选择项目时的一个判断标准就是利润（预测）金额。如果不能产生一定经济效益，首先就会被排除掉。

那么怎样进行利润计算呢？

粗略地说，就是"效果预测金额−活动所需费用=利润预测金额"。这种方法仅限于短时期内估算利润，适用于一个项目。这里说的效果预测金额，主要从两方面来预测，一是因 COPQ 削减等产生的库存削减、工时削减等看得到的效果，二是对应时间缩短、CS 提高、因潜在问题减少有效防止了产品召回等看不见的效果。

看得到的东西可以计算出来，那看不见的效果呢？

例如进行 CS 时，同样一份调查结果，对分数提高的事例做出销售收入换算平台进行研究。这时 CS 分数往往不是呈线性换算。预防召回和问题再发时，从过去的记录中算出实际损失（如果发生的话），与今后生产规模进行比较后再作预测。

活动需要费用通常指黑带、组员花费在项目中的工时。当然，能预估到有出差经费和设备投资费用发生时，要事先计算进去。

项目活动进行中以及结束后，做出效果金额趋势图，分析效果金额和预测金额的一致度，为今后活动提供借鉴，能提高预测准确度。

15 什么是积极的六西格玛活动

"导入六西格玛都是开玩笑,全是社长一时心血来潮。"时不时也有想发牢骚的时候。

可是,当时社长导入此方法时也是做好背水一战的准备的。

导致六西格玛被埋没的原因之一可能就是实施方法吧。

在已经导入六西格玛的企业里,不难看到大家争相成为黑带、绿带的现象,也有像在通用公司那样获得晋升管理职位的机会。

工作的兴趣并不是一成不变的,即使一开始不喜欢,随着成功经验的不断积累,也会逐渐被吸引。

另外还有一点需要经营者多费心思,那就是务必和奖赏制度挂钩。对员工来说,最让大家心情愉悦、有干劲的奖励,莫过于发奖金了。

根据企业业绩统一发放奖金效果一般。如果能和项目业绩结合起来,将5%的利润分发给项目组成员,或者将其加到下次活动的预算上,采用这样看得到的评价方法,能更好地产生积极的原动力。

对黑带来说,通过社长举行任命仪式,或者一起参加经营会议的方式,认识到自己的团队做出的业绩与整个企业业绩密切相关,不失为一个好办法。

"做一个导入六西格玛的先进企业。"对内对外的宣言也是重要的一个方面。

结语

六西格玛逐渐为大众所知晓，受到高度关注，但是相关的信息却很少。在此背景下，本书本着"更易懂、更接近生活"的宗旨，对其进行说明。

"真是了不起的方法。""多亏了它，GE才位于世界前列。"赞许六西格玛的声音随处可闻。

然而，对已经导入六西格玛的企业负责人来说，存在着"无法在公司内推广""很难向员工浅显地说明"等数不尽的烦恼。

当然，对六西格玛的培训，教育机构已经进行过多次研究，也出版了大量书籍。本书意在成为更具实用性的入门读物。

从本书的选题阶段开始，编辑、撰稿人针对"到底什么是适用于企业的六西格玛""什么是妨碍理解的主要原因"等问题进行讨论。最终定下两个基本原则，一是"必须注意关键用语的使用方法和易懂性"，二是"不能以统计论调贯穿全篇"。

对于习惯了QC、5S（整理、整顿、清扫、清洁、教育）活动的日本企业来说，无论怎样使用六西格玛，也会被认为是重复说明QC七工具，毫无新鲜感。然而，通过由上至下的CTQ设定和利润换算进行效果预测，这些管理体系不可或缺的方法论，可以说是高度有效的要点。

另外，对于无法回避的统计方法，也不是作为数学来学习，而是重点解说了作为工具如何使用。这是因为统计方法被定位为决定经营方向的工具之一。

在国内已经实施六西格玛的企业中，都存在着同样的问题。像第5章中说明的一样，员工并没有因被命令"习惯一种和以往不同的方法"而产生不适感和痛苦感。其中 MBB 和 BB 只有发挥领导力，才能最终取得真正的成功。过程只有有人参与才能成为体系。六西格玛不单单是质量管理方法，还是一套管理体系，所以培养人才是最基本的。

为了做到人人会经营，开展"可视化管理"，实现六西格玛过程的因地制宜，对经营者提出了很高要求。另外，员工也要抱着积极投身六西格玛的勇气和乐趣，踊跃参与。

本书出版之际，获得了钻石出版社第一编辑部久我茂、书籍制作部布施育哉，以及做出精美插图的 Knobbier 设计公司首席设计师泽田宽子的大力支持，在此表示衷心感谢。

钻石社六西格玛研究组